JN042640

あなたの社長は
大丈夫？

会社を老化させない経営者の極意

百折不撓
シリーズ

まえがき

２０２４年5月にスタートした「百折不撓《ひゃくせつふとう》シリーズ」の２冊目をお届けします。

百折不撓とは、何度失敗しても志を曲げないという意味です。シリーズでは、企業の経営者が遭遇した困難、そこでの苦悩を、どう克服し、どう自身と会社を再生していったかのストーリーを、取材記録から丹念に書き起こしていきます。

２冊目の本書も創刊号同様、６人の経営者の百折不撓の物語です。登場する企業は、伝統ある１００年企業からＩＴベンチャーまで、バラエティーに富んでいます。障害の有無にかかわらず全ての人が働ける社会の実現をめざす企業も登場します。

経営者６人はいずれも、これまでの当たり前を疑い、新たな試みを始めています。

企業としての「老若」や障害の有無、職業に対する貴賤《きせん》意識など、あらゆる〝壁〟を取っ払い、前に向かって進んでいくのです。

危機に直面したとき、自身の人生の蓄積が突破口になることもあるし、人との偶然の出会いがブレークスルーのきっかけになることもあります。今回登場する経営者6人の悪戦苦闘するストーリーを読めば、きっと読者の皆さんも、「きのうまではなかった勇気」が湧いてくると思います。

すべての経営者が「たぎる思いと志」を抱いています。会社規模の大小は関係ありません。その思いと志が、経営者だけにとどまらず、その会社で働く人たちや就活生、転職を考えている人、起業を考えている人……などなど、多くの人にとって働き方や将来の自分を考え直すきっかけになるに違いない。そう信じて、シリーズの刊行を続けていきます。

シリーズ2冊目の本書も、最後までご堪能いただけたら幸いです。

2024年7月　百折不撓編集委員会

目次

CONTENTS

本書は、各章が独立しています。
興味がある章から、ランダムに読んでも結構です。

［挑戦 1］

老舗の伝統を打ち破りダイナミックに成長を

藤原弘之

HIROYUKI FUJIWARA

代表取締役社長

1960年生まれ。83年に川崎製鉄（現JFEスチール）に入社。JFEスチール常務執行役員、JFEホールディングス専務執行役員などを経て、2021年4月に品川リフラクトリーズの顧問、同年6月から現職。

challenge 01

COMPANY

品川リフラクトリーズ株式会社

1875（明治8）年に創業した高温技術のリーディングカンパニー。創業者は西村勝三。設立には実業家・渋沢栄一もかかわった。創業以来、耐火物を通して、鉄鋼、非鉄金属、窯業、ガス、電力などの主要産業の発展を支えてきた。

耐火物？　実は身近なんです

経営者だからといって、だれもが豊かな才能を持って生まれたわけではありません。少なくとも私は凡人、あるいは「ごく普通の人」です。会社をうまく経営するには、もちろん自分の頭をフル回転させて考え抜く必要がありますが、その際に、私のような普通の人は先人の知恵を拝借するのが効率的です。経験から学ぶことも重要ですが、ひとりの人間が経験できることには限りがあります。だから勉強して他者の経験や思考から学ぶことは本当に自分のためになります。世の中にはすごい経験をした人や、ある事柄を何年も研究して突き詰めて考えた人が大勢います。こういう人たちの著作や発言から学ばないと損です。凡人の私が何とか経営者を務めていられるのは、若いころから勉強を重ねて、「拝借できる先人の知恵」がストックされているからだと思います。このストックが自分の経験を補い、経験からの「学び」を容易にしているのです。

また、いろいろな分野の本を読んでいると、思いがけない出会いもあります。これが読書や勉強の醍醐味で、初めて知る事柄は、何かしら人生を豊かにします。ですから私にとって、勉強は楽しみでもあります。ここでは皆さんに、ぜひ品川リフラクトリーズという会社に出会っていただきたいと思います。

当社、品川リフラクトリーズは、耐火物の製造・販売や、窯炉の設計・築炉工事などのエンジニアリングサービスを行っています。「耐火物」というと、あまり聞き慣れないことから「マイナーな産業」と思われがちですが、実は日々の暮らしに身近な産業です。みなさんも利用される、自動車や鉄道などの製造に必要な素材づくりにも、私たちの製品やエンジニアリングサービスが生かされています。

品川リフラクトリーズグループの事業領域は「耐火物、断熱材、先端機材、エンジニアリング」の四つに分かれます。当社グループは産業を支える事業を担っており、すべての製品やサービスは、製造業がある限り需要され続けます。

私たちが大切にしているのは、お客様のニーズに合わせて徹底的にカスタマイズを進めていくことです。

例えば、製鉄所には「製鋼」というプロセスがあります。鉄の成分調整のため約1500度の高温処理をする炉があり、そこに高炉から出てきた溶けた鉄やさまざまな物質を投入し精錬して成分を調整していきます。溶けた高温の鉄を鉄製の炉に直接入れると炉が溶けてしまうので、炉内には高温に耐えられる耐火物を張りめぐらせなければいけません。

この精錬プロセスは「転炉」という設備で行いますが、A社の転炉に施工された耐火物製品がよいパフォーマンスを発揮していても、同じ製品がB社で高評価を受けるとは限りません。同じ転炉という設備でもお客様ごとに操業条件や設備の設計が異なるからです。また、たとえ同じお客様でも、時間の経過とともに操業条件が変わるので、お客様の状況を把握したうえで、常に最適な製品や施工方法を提供していく必要があります。そのため、社内でも各部門が緊密に連携してビジネスを進めていかねばならず、これは細かな調整が必要な一方で、非常に面白みのある仕事でもあります。

就活のミスマッチを超えて鉄鋼業界へ

子どものころは勉強よりも友だちと遊ぶことが好きでした。友だちとけんかばかりして、親を困らせていましたね。母は学校の保護者会に行くのは気が重かったそうです。

東京都江東区の公立中学校に入学すると、小学校時代の友だちは次第にリーゼントヘアのヤンキーに。私はさすがにこのままではまずいと思い、勉強もスポーツもがんばるようになりました。そのかいあってか、陸上競技の200メートル走では東京都の代表に選ばれ、生徒会長も務める良い子になりました。

卒業後は、早稲田大学高等学院に入学しました。面白い学校で、先生が好きなことしか教えないのです。高校レベルを超えた授業も多く、学問的な好奇心を大いに刺激されました。私にとって一番面白かったのは、世界史。ローマ帝国の衰亡の分析で1学期が終了し、2学期のほとんどはフランス革命とナポレオンです。大学で学ぶような内容をじっくり丁寧に教えてくれるので、非常に興味深い時間でした。ちなみに好きな科目は数学でした。「データとロジックが大切」と考える現在に通じています。

読書に目覚めたのも、このころでした。社会科学系の本をはじめ、哲学、宗教、芸術など幅広い分野の書物を読みました。ジャンルにとらわれず読書をする乱読の習慣は、現在でも続いています。

大学は、早稲田の政治経済学部経済学科に進みました。社会科学全般に興味があったのですが、その中でも「数学が得意なら楽勝」と先輩から勧められて経済学科を選んだ次第です。ちょっと不純な動機ですね。

就活にあたっては、性格的にウェットな人間関係が苦手なので、できればサクサクと数字やロジックで処理できるファイナンスや管理会計、あるいは最適生産計画をつくるような仕事に携わりたいと考えていました。そこで金融機関や商社を中心にまわりました。ところが、です。幸運にも内々定をいくつかもらったのですが、違和感を覚えて先に進めなくなってしまいました。当時の違和感の正体はいまだにわかりません。しかし、この時点で立ち止まることができたのは、長い目で見てよかったのかもしれません。

そこで、悩んだ末にゼミの教授に相談するわけです。すると、「あんたはそういう会社には向かないよ。メーカーが向いていると思う。できれば鉄鋼などの重厚長大系ね」と言われて、あわてて志望企業を変更しました。

結果、１９８３年４月、面接のときに話した先輩方と波長が合うと感じた川崎製鉄株式会社（現在のＪＦＥスチール株式会社）に新卒入社しました。

苦手な仕事も勉強で「ポジ転換」

最初に配属になったのは千葉製鉄所の「労働部労働課」。現場の苦情処理や労働組合との連絡調整などを行う部署でした。非常にウェットな人間関係を扱う部門です。

「どう考えても、お前には合わない」

久しぶりに会った大学時代の友人にも、からかわれました。実際、私自身も違和感があって最初のころは仕事が苦痛でした。大学院の願書を取り寄せて、大学に戻ろうかと悩んだ時期もありました。しかし同僚も先輩もいい方々ばかりでしたので、そのまま辞めるのは申し訳ない。そこで、仕事の中身や周辺分野を学問的に掘り下げて勉強してみれば、現在の仕事に興味が持てるのではと思ったのです。労使関係論や労働運動史などの文献も読みあさりました。そうすると、いまやっている仕事が奥行きのある仕事だと少しずつわかってきて、仕事に興味を持って取り組めるようになったのです。

あとになってわかるのですが、ファイナンスや管理会計もデータやロジックだけで仕事をこなせるわけではありません。駆け引きや交渉もありますし、組織の中で意思を形成するには、組織力学にも配慮しなければいけません。ロジックだけで、すべてが動く世界なんてほとんどありませんよね。

しかし当時の私は、ファイナンスなどのほうが肌に合う気がしていて、その対極にあるのが人事や労務、総務だと思い込んでいました。なので、「なんだか自分の持ち味を生かせない仕事だよな」というモヤモヤした気持ちは多少なりとも残ったままでした。

その矢先、会社は人事部人事室への異動を命じました。あぜんとしました。人事異動や評価、昇格などを扱う部署ですから、「ウェット」どころの話ではありません。生身の人間の職業生活を左右する仕事なので、私がもっとも合わないと感じていた分野です。それでも、気を取り直して人材マネジメントや組織行動論など、関連分野の勉強をしました。次第に自分の仕事ぶりが評価されるようになったのはうれしかったですね。

人事室の一員として、まずは新規事業本部を担当しました。当時の川崎製鉄は、新規事業として半導体や電子機器事業、新素材事業などに進出していたころでしたから、こういった分野の技術や産業構造について勉強することが面白くて仕方なかった。勉強することで、自分の仕事の意義を再確認し、モチベーション維持につながりました。

日々の勉強を習慣化することによって、それまで苦手意識のあった分野の業務にも前向きに取り組めるようになりました。すると徐々に、社内での自分に対する評価も高くなっていることに気づいたのです。評価は辞令になって表れました。２０１０年４月にＪＦＥスチール労政人事部長となり、２年後には総務部長、さらにその２年後には東日本製鉄所副所長と、２年ごとに役職が変わり、２０１６年に常務執行役員、２０１８年にはＪＦＥホールディングス株式会社の常務執行役員、翌年には専務執行役員に就任しました。

社長に「暴れていいよ」と背中を押され…

経営企画・総務担当の専務執行役員として、２０２１年４月から始まるＪＦＥグループ中期経営計画の取りまとめにもめどがつき、少しほっとしていたときのことです。私は東京・内幸町にある本社ビルの28階にいました。

その日も、いつものように社長に呼ばれました。そのころは毎日、社長室を行き来していました。しかしその日の社長は、やけに格式張った雰囲気で私を迎え、「まあ、座れ」と、席を促します。そして厳粛な表情でこう言ったのです。

「7月から品川リフラクトリーズの社長をやってくれ」

さらに、こう続けました。

「品川リフラクトリーズは、東証1部（現在はプライム市場）上場で歴史のある会社だ。知っての通り、（2009年に品川白煉瓦とJFE炉材が合併して、品川リフラクトリーズに社名変更したのを機に）JFEスチールの持分法適用会社になっている。健全な経営をしている良い会社なので、とくに改革をしなくてもいい業績が得られるかもしれない。しかし藤原専務の性格からして、品川リフラクトリーズの社長に就任すれば、いろいろ動いて暴れるよね。だから君に、お願いしたい」

私は派手に暴れるタイプではありません。そういうのは苦手です。組織や業務の改革は使命だと思っていますが、カリスマ型のリーダーシップは持ち合わせていません。だから、静かに暴れて改革を進めます。それをわかったうえでの社長の言葉だと理解しました。

品川リフラクトリーズのことは、その3年前にＪＦＥスチールの原料・資機材調達担当役員として取引があったので、よく知っていました。

当時の印象は、非常に技術力のある会社で、顧客への対応がとても丁寧。本当にお客さんの意向に耳を傾けてくれる会社でした。とくに営業部隊が粘り強く対応してくれたので、一緒に仕事をしていて非常にありがたい存在だったのを覚えています。

当時も耐火物は中国産の原料が多かったのですが、原料高騰を受け、品川リフラクトリーズから価格改定の申し出がありました。データで見ても合理的な要請でしたので異例の大幅値上げを受け入れる決断をしました。もちろん、ＪＦＥスチールの生産部門はコストダウンしなければいけないので猛烈に抵抗しました。それを説得して何とか認めてもらったのです。当時、まさか自分が将来この社長になるとは思わなかったので、社長就任の内示を受けたときには、「情けは人の為ならず」を地でいく話だなと感じました。

ですから、社長からの申し出は非常にうれしかったのを覚えています。経営企画担当役員としてひと区切りついたタイミングでしたし、違和感なくお引き受けいたしました。

4月にＪＦＥホールディングスを離れて、当社の顧問として3カ月間、会社や耐火物業界について猛勉強して、6月末の定時株主総会で新社長に就任しました。

渋沢栄一が発起人の「老舗」

先ほども少し申し上げましたが、品川リフラクトリーズは歴史がある会社です。始まりは、1875(明治8)年に東京・芝浦で、西村勝三が創業した、耐火れんが工場でした。文明開化の象徴である「ガス燈」。そのための「ガス発生炉用耐火れんがを国産でまかないたい」という西村の思いから生まれた工場です。西村に賛同し協力してくれた人物のひとりに、当時の東京府瓦斯《ガス》局の事務長である渋沢栄一もいました。「近代日本経済の父」であり、2024年7月に新一万円札の「顔」となった人物です。

その後、西村は耐火れんがの需要拡大を見込み、1900(明治33)年に、渋沢栄一などに相談。渋沢をはじめ18名の出資者が集まり、資本金8万円の品川白煉瓦合資会社を設立しました。さらに1903(明治36)年6月には株式会社化し、品川白煉瓦株式会社を設立。同社の発起人欄には、渋沢の氏名も記されています。

明治末期には、当社の工場は品川本社工場、湯本支工場、大阪支社の三つになっていました。当時は、日露戦争も終わり、ガス事業や建築事業が活性化していたころ。時流を読み、ガス用レトルト（蒸留釜）だけではなく、装飾れんがにも注力するようになります。

１９１０（明治43）年9月に装飾れんがの製造設備を増設すると、翌年には大口注文が殺到しました。その中のひとつが、東京駅を建設する際に使用した建設用の赤色外装タイルでした。大量の注文が入ったため、とても当時の設備では追いつきません。建築れんが専業会社と業務協定を結び、さらに装飾れんが専門工場を新設して対応しました。

１９１４（大正3）年に完成した東京駅のすべてのれんがは、品川白煉瓦製の化粧れんがが使われました。その他にも大阪府庁や東京・丸の内にあった東京銀行集会所の外壁などにも使われ、近代洋風建築に貢献しました。耐火技術を進化させ続け、１５０年近く事業を続けてきた諸先輩方の努力には、本当に心から敬意を表します。

こうした歴史の中で、さまざまな技術が培われてきました。その蓄積により、当社には大切な財産が築き上げられてきました。それはステークホルダーの方々からの信頼です。

「品川リフラクトリーズに相談すれば、課題解決に向けてきちんと対応してくれる」「品質の良い製品やサービスを提供してくれる」と、お客様は技術に根ざした信頼を置いてくださっています。そう言っていただけるのは、諸先輩方の努力があってこそです。

また当社は、欧米から当時の最新鋭の技術を導入し、製品開発や製造プロセスの整備を行ってきました。日本の耐火物のパイオニアとして常に新しい技術に触れ、事業に展開してきたことは誇りに感じています。だからこそ危惧するのは、国内の耐火物市場が低成長期に移行した今、創業期の躍動感やダイナミズムが失われてしまう危険性です。

それを回避するためには、成長し続けることが大切なのです。

明るいノリで成長を目指す

品川リフラクトリーズで仕事をして最初に感じたのは、150年続く会社だけあって、高い技術力を持ち、非常に真面目な従業員が多いという点です。これはJFEスチール時代に外から見たときと同様の感想です。一方で、改善を要する点も見つかりました。

改善のキーワードは、「成長」と「越境」です。

もちろん従業員は全員、とても真面目にがんばっていますし、成果も上げています。実際のところ利益も出ていて、ここ数年は緩やかにですが成長し続けています。しかしもう少し、会社の成長に関して貪欲さがあってもいいと感じたのです。

たとえば年度計画などをつくる際、当社の従業員は責任感が強いので実行可能な手堅い目標を立てます。でも私は「そこはもっと大風呂敷を広げましょうよ」と感じます。私は計画未達でも激怒しませんので、良い意味でのいい加減さ、ノリの良さが足りないなと思うわけです。後で述べますが、成長しない会社はジリ貧になります。ですから会社の成長に関してもっと貪欲になってほしい、もっと明るいノリで大きな夢を描いてほしいという気持ちから「成長」というキーワードが生まれました。

もう一点の「越境」は、非常にコツコツと努力する真面目な従業員は多いのですが、隣で仕事をしている職場の同僚や他部署の人に表向き関心を示さない人が大勢いる点が気になってキーワードにしました。冷淡という意味ではありません。自分の仕事に集中しすぎているのか、あるいは他人への関心を表明するのが苦手なシャイな人が多いのか、理由はわかりませんがちょっと気になります。理由はともかく、同じ部署内の同僚や、他部署、他企業の人たちと交流し学習し合う風土があまり感じられません。そこで、みんながもう少しずつ「越境」、すなわち、自分の殻を破るとか、部署や会社の垣根を越えるとか、一歩踏み出して他者と積極的に交流してもいいかなと思ったのです。

実際にフロアを歩いていると、みんな黙々と仕事をしている中、雑談やディスカッションを仕掛けるのが上手な上司がいる部署は、それなりにワイワイやっています。そういう人たちが増えると、アイデアの共有が生じ、今まで考えもしなかったことが生まれる可能性があります。だから「成長」には「越境」が必要なのです。そして、「越境」すると仕事が楽しくなります。ぜひみんなでさまざまな垣根を越えて対話やディスカッションをしながら、ガヤガヤと仕事をしていけたらいいと思います。

これは私に対しても同様で、私が提案した施策に、誰も否定してこないと不安になります。当然私も人間なので、私の考え方が常に正しいとは限りません。自信がないままアイデアを口にしているときもあります。ですので、私の提案や指示に対して素直に発言してもらい、みんなでアイデアのブラッシュアップができたらうれしいです。

私は若いころ、積極的に人と交流できるタイプではありませんでした。仕事を抱え込む癖があり、そのことで失敗した経験もあります。仕事がオーバーフローしそうになったら「助けて」と声に出す、壁に当たったらだれかに相談する……。そういったことは苦手なのですが、失敗した経験から意図してやるようにしてきました。日頃からコミュニケーションがなければ「助けて」などとは言いづらいでしょう。仕事を少しでもラクにして、楽しくやっていくためにも「越境」は大切なのです。

それから、会社の「成長」を実現するために、従業員の日常的な行動規範として「挑戦、迅速、徹底」の三つを実行するようにと、社長に着任して早々に伝えました。

失敗してもいいので「挑戦」する。先の読めない時代だからこそ挑戦して失敗して学習し、軌道修正をしてまた挑戦していく。このサイクルを素早く何度も回転させることができる会社が勝者になると思っているので「迅速」を加えました。そして最後に、とにかく完了まで徹底的にやり遂げる。「徹底」です。

どこの会社にもありがちですが、対策を立てて社内通達をして、そのまま終わることが多い。でも、その対策は全員に行き届いたのか。日常の行動まで落とし込めているのか。そういったところを検証し、足りないところを補強する。こういったことをやり切って初めて、改善したといえます。だから「徹底」は本当に大切です。

「挑戦、迅速、徹底」の三点セットは、日常の業務の中で、行動様式にまで落とし込む必要があるのです。それをやっていくことで、会社の成長が実現できます。このことは社長就任時の挨拶だけでなく、個別報告、決裁、社内文書、定例会議など、手を替え品を替え、うるさいほど伝えるようにしています。

子会社も並列したセクター制導入で情報流通が改善

品川リフラクトリーズグループには、①耐火物②断熱材③先端機材④エンジニアリングの四つの重要な事業があります。しかしそれは品川リフラクトリーズが耐火物とエンジニアリングを行い、子会社のイソライト工業が断熱材、品川ファインセラミックスが先端機材事業というかたちに、分断されていました。

しかし、親会社と子会社という関係性にとらわれず、より強固に連携していくことでさらなる成長が期待できるはずです。

そこで各事業を並列に考え、当社グループの「事業ドメイン」として扱うことにしました。各事業領域にセクターという名称をつけ、「セクター長」という職位を新設。さらに各セクターをバックアップするコーポレート本部を設置しました。各セクターには成長戦略に関する責任を持ってもらい、立案したプランの内容や実行経過などを当社グループの全体会合で共有し検証することで、互いに議論しやすい関係性をつくりました。

これにより耐火物セクター（当社）と断熱材セクター（イソライト工業）の情報流通は劇的によくなりました。また、断熱材セクターと先端機材セクター（品川ファインセラミックス）は、共通の市場を持つことから相乗効果が高いこともわかりました。

セクター長からは、「（対等な扱いが）うれしかった」という声も上がりました。たまたま資本関係が親会社、子会社になっているだけで、担っている事業は同列同格です。今後も、さらに各セクターが連携を深めて企業価値を高めていければと考えています。

戸惑う役員にROIC経営をレクチャー

セクター制度の採用に併せて、ROIC経営を導入しました。ROIC経営とは、投下資本に対してどれくらいの利益を生み出したかの指標「ROIC」を活用した経営のことです。社内の資源や資金などを事業に投下するときに、各事業にどれだけのリターンがあるか、すなわち経営資源を有効活用できているかどうかを比較検討・確認していく必要があると感じ、導入を決めました。これにより、効率的に利益を生む事業資産がわかりやすくなり、新規事業だけでなく既存事業への追加投資の判断にも役立ちます。

ROIC経営の導入を2023年の春ごろに社内に知らせ、執行役員を集めて2時間ほどのレクチャーを実施しました。

「そもそも経営とは何のためにしているのか」「資本コストって何?」などから始めて、ROICがなぜ当社の経営にふさわしいのか、どうすればROICが上がるのかなどを、スライドを交えて説明していきました。

最初は「そこまでは……」という鈍い反応でした。しかし繰り返し伝えることで理解が進みました。その結果、執行役員が部下たちに話し、そこから広がって従業員から「いまいち理解ができない箇所があるのでレクチャーしてほしい」と経営企画部にリクエストが寄せられるようになりました。ＲＯＩＣ経営をやっているわけですから、利益率の低い製品については販売を中止する可能性が出てきます。利益率が低い製品の担当者は、対応策を考えるようになりました。そういった流れが生まれてよかったと感じています。

ＪＦＥホールディングスの社長が私に言ったように、当社は大きな改革をしなくても維持できる企業かもしれません。では、なぜ私は改革をしようとするのか。

理由は二つあります。

一つは、資本市場の観点です。出資者は当然リターンを求めて会社にお金を提供します。他でお金を運用するよりも、その会社にお金を託したほうがリスクとの対比で大きなリターンが得られると考えたからお金を提供してくれるわけです。

会社側からすると、出資者に大きなリターンを返すには、１株当たりの利益を増加させ続けるほかありません。１株当たりの利益を増加させるためには、売り上げを伸ばし、それに伴って利益を増やし続ける必要があります。売り上げが伸びなくてもコストダウンを継続的に実施すれば利益は増えますが、コストダウンには限界があるので、それだけでは利益の増加は長続きしません。だからこそ企業は成長が必要なのです。それができないと出資者の期待を裏切って、そんな会社はいらないよと言われてしまうわけです。

二つ目の理由は、マネジメントの観点です。

私は、管理部門を中心に渡り歩いてきました。管理部門でより良い仕事をしようと思うと、対象を深く細かく切り刻んで精密な分析をしたくなります。端から見ると「なぜそこまでやる?」と思うようですが、ある程度は必要だと感じています。

しかし、管理部門の真面目な担当者は、往々にしてその真面目さゆえに分析の精緻化に邁進してしまいます。そしてその結果、会社全体が分析や資料作成、根回し、稟議に膨大な時間とエネルギーを費やすことになり、計画の策定が重視されて実行がおろそかになります。そして、「計画未達」が日常化し、「未達の原因分析」だけが洗練されていきます。これでは社員にとって魅力ある会社と言えませんし、人も集まらなくなるでしょう。

成長しない会社はジリ貧に陥るのです。仕事のパイが大きくならない中で業務の精緻化に邁進するよりも、会社を大きくすることにエネルギーを投入したほうがはるかに生産的ですし、気持ちがいいではないですか。

そこで、事業を成長させるため、品川リフラクトリーズグループはM&Aを積極的に推進することにしました。

M&Aを主軸に年率7%成長へ

耐火物の国内需要は減少傾向にあります。そのような逆境の中で成長し続けるためには、海外市場に目を向ける必要があります。耐火物業界でも、世界のトップ企業はＭ＆Ａを繰り返して会社の規模を大きくしており、この流れに乗り遅れると、グローバル市場における当社のプレゼンス（存在感）が下がってしまいます。

そこで私は、グローバルなＭ＆Ａを主軸に会社を大きく成長させる絵を描いています。成長率の目標は年率７％。これは10年間で事業規模を2倍にする成長率です。さすがにこの目標は、既存事業のオーガニックな成長だけでは達成できません。

とはいえ、これまで当社は、Ｍ＆Ａを積極的に行った経験は多くありません。そこで、ＪＦＥスチールで海外事業や海外プロジェクトを経験してきた〝猛者〟をリーダーに据えてＭ＆Ａ案件ごとにプロジェクトチームをつくり、そこに品川リフラクトリーズ生え抜きやキャリア採用の優秀な実務スタッフを集めることにしました。

Ｍ＆Ａを成功させるには、ある程度の専門知識が必要で勉強も大切ですが、それ以上に実務経験がものをいいます。売り手買い手の駆け引きなど、現場で場数を踏まないと歯が立ちませんので、そういう人材を育てる必要があります。そこで、プロジェクトチームの結成にあたっては、取締役クラスが集まって各部門から会社の適材を選んでいます。各チームのメンバーは、経験豊富なリーダーのもとで腕を磨いています。未経験者がほとんどなので、リーダーは苦労が多いかと思います。メンバーも大変だと思いますが、意気に感じて楽しく仕事にあたってくれているようです。

また、M&A推進チームのほかに、事業投資を精査する「審査委員会」も立ち上げました。取締役会で議論する前に、案件の内容を徹底的に分析してリスクを抽出し、プロジェクトチームに対策を勧告するのが役割です。

どこの会社でもそうだと思いますが、M&Aプロジェクトチームはつい前のめりになって、終盤戦では是が非でも競争入札で勝ちたくなるものです。そのため無意識にネガティブな情報を軽視したり、シナジー効果を過大評価して高めの金額をオファーしがちになります。こうした落とし穴にはまらないように、審査委員会が投資計画のリスクとリターンが釣り合っているのか、見落としているリスクはないか、さまざまな角度から分析して審査します。審査委員会のメンバーには、今は経営企画部門や開発部門、技術管理部門などのベテランスタッフを充てています。今後はプロジェクトチームと審査委員会の両方を交互に経験させることで、人材の層が厚くなっていくと期待しています。

海外展開で一番大切にしているのは地理的分散を図ることです。需要拡大が期待できるインドやアメリカなどのマーケットを重視するのは当然ですが、地理的な偏りを避けてバランスよく事業を展開していきます。有事の際に供給を滞らせない工夫でもあります。

私が社長になって最初に実施したのは、フランスの大企業サンゴバン社のブラジル耐火物事業と米国耐摩耗性セラミックス事業の買収でした。サンゴバン社は、巨大な総合建材メーカーです。同社とは、30年以上にわたり人材・技術交流を行ってきた歴史があります。それを踏まえたうえで、先方から「自分たちの将来あるべき姿を考えたときに、耐火物事業はコア事業にはおそらくならない。当事業をきちんと育ててくれるベストオーナーに経営を担ってもらいたい」と打診がありました。比較的スムーズなM&Aでしたが、大きな学びがありました。最も強く感じたことは、先方の期待するスピード感で作業するのは、非常に大変だということです。さまざまな分析・調査を行う必要があるため、慣れていないと膨大な時間がかかってしまうのです。

M&Aは事業拡大の手段であるだけでなく、関わる従業員にとって多くの知見が得られる学びの場でもあります。外部の専門家や現地の法律に詳しい法律事務所や税務会計事務所など、あらゆる専門家集団を上手に束ねる必要もあります。プロジェクトに関わってもらった従業員は、慣れない中で本当によくがんばってくれています。大変なことも多いですが、今後もできるだけ多くの人たちに参加してもらいたいと考えています。

とはいえ、Ｍ＆Ａが成功しても、すぐに平常運転ができるわけではありません。Ｍ＆Ａ後に行われる統合プロセス「ＰＭＩ（Post Merger Integration）」を成功させなければ、これまでの苦労が水の泡になってしまいます。当社には、オーストラリアや北米、中国などの海外事業拠点があるので、そこで得た教訓などを蓄積しながら進めています。

一般的にＭ＆Ａで会社を買収する際は、シナジー効果を期待します。当社も当然狙ってはいますが、投資効果を計算して投資の採算性を判断する際は、シナジー効果は「ほぼ確実に発現する」ミニマムな効果しか考えないようにしています。

なぜなら、シナジー効果はＭ＆Ａチームの冷静な判断を狂わせることが多いからです。どれだけの効果が出るのかは誰にも正確にはわかりませんから、プロジェクトチームは買収を成功させるために、悪意なくシナジー効果を過大評価しがちです。これでは高値づかみになってしまいます。そこで当社はシナジー効果を期待せず、まずは被買収企業のスタンドアローン価値を評価して投資効果を計算します。つまり、既存の経営陣に残ってもらい、従来の事業運営を続けて期待できる利益で投資がペイする会社を探すわけです。最初からシナジー効果で下駄を履かせた投資効果計算はしない。これが当社のルールです。

2023年度は、品川リフラクトリーズグループの第5次中期経営計画の最終年度で、当初の目標値は連結売上高1150億円、連結経常利益115億円、海外売上高比率が約20％でした。これに対する2023年度実績は、連結売上高1441億円、連結経常利益149億円と大幅な超過達成を実現し、海外売上高比率は30％にまで拡大しました。従業員も、会社が大きくなっていること、利益率が向上していることを実感できていると思います。会社が成長して利益が拡大すれば、賃金やボーナスも増えますし、株価も上がります。会社が成長するということはどういうことなのか。これを体感してもらうことで、モチベーションアップにもつながるはずです。そのためにも、今後もM＆Aを仕掛けながら事業拡大を図っていくつもりです。

認識が変わった米ビジネススクールの経験

この本の読者の中には社内で成功したい、あるいは起業家になりたい、と考えている方もいらっしゃるでしょう。そのような方には、まずは勉強して自分の成長のために投資してみることをおすすめします。

強くそう感じたのはＪＦＥの部長時代に、海外のビジネススクールが開催しているエグゼクティブ向けプログラムに参加させてもらったときのことです。

最初に参加したのは、カリフォルニア大学バークレー校のビジネススクールで、約２週間のプログラムでした。合宿形式で朝から晩までファイナンスとアカウンティングなどをおさらいしました。英語では苦労しましたが、昔から勉強してきたこともあって、教科の内容は案外チョロいなと感じました。その後、ペンシルベニア大学ウォートン校のリーダーシップ強化プログラムに参加しました。長期の合宿研修で、経営戦略や企業価値評価、組織デザイン、交渉ノウハウなどが主要なメニューでした。

ところが、これが地獄でした。特に交渉ノウハウの授業には、高度な英語力が不可欠です。クラスメート同士で二つのチームに分かれてディベートをするのですが、語学力の問題で私はほとんど〝お客様状態〟でした。そもそもＭＢＡコースのように厳しい選抜試験を経て留学しているわけではなく、大した英語力もなかったので当然ですよね。そこで私は何をやったかというと、交渉の前線で役に立てないなら裏方でパソコンを使ってシミュレーションやデータ分析をするバックオフィス役を率先して引き受けました。そして、みんなの本格的なディスカッションが始まる前に、まず最初に分析結果や意見を述べる。これで議論に参加した足跡を残すわけです。

アメリカのビジネススクールは、「知識は教科書にあるから自分で勉強しましょう」「授業はインプットした知識の使い方をマスターする場です」「ディスカッションに貢献しない人は必要ありません」というスタンスです。だから授業で発言しないことは許されませんので、必死でした。そこには同世代の受講生が40人ほどいました。日本でいうと執行役員や部長クラスの人たちばかりで、北米、南米、ヨーロッパ、アジアなど各国の人がいて、日本人は私を含め3人でした。

私も勉強しているほうだと思っていましたが、彼らの博識はすばらしいものでした。たとえ日本で仕事をするにしても、今ではインターネットが普及し、どこにいても世界とつながれる時代です。グローバル競争で生き残っていくには、そういう人たちと協力したり戦ったりしなければなりません。だからこそ勉強が必要だと再認識しました。

しかし残念なことに、日本企業が従業員一人当たりにかける教育訓練費は、先進国の中でも最低レベルです。従業員の学習時間も最底辺に位置します。会社も勉強をさせないし自分自身もしない。日本人ビジネスパーソンは自分の狭い経験からしか学んでおらず、世界のアカデミズムからの発信に無頓着でいる。これでは正直、まずいと思います。

勉強はいつからでも遅すぎることはないので、今日から始めたほうがいいです。勉強すれば絶対に、その日から成長しますから。

このプログラムに参加したことで、自分は勉強してきたと思っていても、世界の人々はさらに勉強していると知ることができました。国内外問わず、学びの機会がめぐってきたら、「ついていけなかったら、どうしよう」などと躊躇《ちゅうちょ》せずに、ぜひ飛び込んでみてください。必ず視野が広がり、成長すると思いますよ。

偶然の出会いをものにする習慣が成長につながる

もう一点、お伝えしたいことがあります。若い方々は、将来に向けたキャリアを見据えて、どういうスキルを身につけられるかを考え、転職なども活発に行っています。会社の社長としては、若い人に転職で出ていかれるのはつらいことですが、個人的には転職が悪だとは思いません。むしろ会社に束縛されて嫌な気持ちで働くより、転職したほうが絶対にいい。キャリアを主体的に考えることも大切です。しかしキャリアプランを考えるときに、狭く限定的に考えすぎないほうがいいかなと、私自身の経験から感じるのです。

先にもお伝えしたとおり、私はもともとウェットな人間関係が苦手です。人事など向かないと思い悩んだ時期もありました。しかし勉強して仕事についてより「知る」ことで、面白みを深めていきました。

自分が何をやりたいか、何に向いているかを、あらかじめ知ることは極めて困難です。それを知ることは簡単ではない、と入社当初の葛藤を思い出しつつ感じるわけです。

実際に仕事をしてみて、それも一定期間全力で取り組んでみて、初めて「面白い」とか「向いていない」とわかるようになるものです。ですから、最初からあまりにストライクゾーンを狭くしてしまうと、「やってみたら面白かった」「実は得意な分野だった」という体験を遠ざけてしまう可能性があります。

キャリア形成は偶然の出会いの積み重ねでできています。ですから、事前に完全に設計なんてできませんよね。ではキャリア形成のために、何もできないのかといえば、そうではありません。

今からできること。それは偶然の出会いをものにしていく準備です。これは、自分自身の成長にとって絶対に欠かせない要素です。

幸運な偶然の出会いを手に入れること、「セレンディピティー」という言葉があります。セレンディピティーは、努力して実力を高めた人のところにしか届きません。実は目の前にあったとしても、能力を磨いてアンテナを高く張っていなければ、すばらしい出会いにすら気づかないわけです。すてきな偶然の出会いを、自分の人生に生かしていくためにも、今のうちから自己鍛錬（勉強）しておいたほうがいいです。きっと後でいいことが起こると思いますよ。

創業150周年、会社も自分もさらなる成長を

当社は、2025年に創業150周年を迎えます。現在、150周年記念事業を企画しているところです。私はこの150周年記念事業を、単に過去を振り返る行事にするのではなく、この先の50年、100年を見据えた、会社のあるべき姿を構想する機会にできればと考えています。

これはあくまでも個人的な意見ですが、今後は当社をグローバルなソリューションプロバイダーとして成長させ続けたいと思っています。そのためにも成長を図っていくこと、そして資本効率の向上、さらにサステナビリティーへの取り組みを経営戦略と表裏一体で

実行していくことが必要です。

また、よりよい社会や地球環境を未来の世代にバトンタッチしていくことも、企業としての使命と考えています。

具体的な施策として、当社では二つの観点から二酸化炭素（CO_2）排出量削減に取り組んでいます。一つ目は、耐火物と断熱材をうまく組み合わせることで、お客様の製造プロセスにおける熱損失の低下に貢献することです。熱損失が低下すると使用するエネルギーが減少するため、CO_2の排出量を抑えられます。

二つ目は、耐火物のリサイクルです。CO_2は原料を採掘し製錬する過程や、海外から日本に輸送するプロセスでも発生します。この原料由来で発生するCO_2が占める割合は、当社のサプライチェーンにおけるCO_2発生量の中で最大のものです。したがって、国内で使った耐火物をリサイクルして使用できれば、CO_2を大幅に減らせます。私たちは、この二つの軸でCO_2の排出量削減に貢献できると考えています。

今後も、未来世代のためにかけがえのない地球を守り、ステークホルダーの方々に愛され続ける企業をめざしていきたいと思っています。

学生時代の知人に会うと、「いい加減そうに見えて実は勤勉なところは、変わらないいな」

と言われますが、別に勤勉なわけではありません。単に好きだから本を読み続け、そこで仕入れた知識や洞察を仕事で試しているだけです。大学の先生には「学者をめざしてみれば」と提案されたこともありましたが、「面白そうだけど、そんなに尖った才能はない」と思い、この道を選びました。私のように尖った才能がない凡人でも、当社のような歴史ある企業の社長になれる未来もあります。

勉強を続けている人は意外に少ないものです。だから、学び続けていればチャンスはめぐってきます。

当社でも、人的資本経営の一環として、学びを後押しするプログラムをつくっていく予定です。会社としても、成長意欲のある方々をサポートしていけたらと考えています。

そしてみなさんとともに、成長していけたら幸いです。

［挑戦2］

障害者が自然体で生きられる社会にしたい

阿渡健太
KENTA AWATARI
代表取締役社長

1986年生まれ。神奈川県横須賀市出身。生まれつき両上肢に障害がある。2024年2月、日揮パラレルテクノロジーズ株式会社・代表取締役社長に就任。2017年からパラテコンドーの日本代表強化指定選手となる。

challenge 02

COMPANY

日揮パラレルテクノロジーズ株式会社

プラント建設事業などを手掛ける日揮ホールディングスの特例子会社。障害者を「IT戦略人材」として雇用し、グループ企業内のIT・DX化を支援する事業を展開している。

いちばん厄介なのは、社会でした

「手がないから、君にはできないよね」

「障害があるから、この仕事は君に任せられない」

何度、こんな言葉を耳にしてきたことか。

障害者雇用率達成企業は50・1%。対象企業の半数が法定雇用率2・3%を下回っています（いずれも2023年時点）。そこには、「障害者に仕事はできない」という健常者の思い込みがあるのではないでしょうか。

私は、先天性の両上肢障害です。生まれつき左腕の手首から先、右腕の肘から先がありません。ですが、自分のことを障害者だとは思っていません。工夫すれば、いろいろなことが一人でできます。でも、障害があるというだけで見向きもされない。

そんな社会を私は変えたいのです。

申し遅れました。阿渡《あわたり》健太と申します。日揮《にっき》パラレルテクノロジーズ株式会社（以下、JPT）の代表を務めています。当社は、主にプラント建設を手掛ける日揮ホールディングスの特例子会社です。特例子会社制度とは、子会社が一定の要件を満たす場合、特例としてその子会社に雇用されている労働者を親会社に雇用されているものとみなして、実雇用率を算出できる制度です。

ＪＰＴでは日揮グループ企業のＩＴ業務支援を行っています。日揮が蓄積してきた膨大なデータを活用することで、作業工数や人件費の削減が可能となります。そのＩＴ化のお手伝いをしています。たとえばＷｅｂ系では、独身寮の食事予約や寮費などが閲覧できるアプリ、建設現場のＴｏＤｏと画像データを一括管理するアプリなどを開発しました。

ＡＩ系では、鯖の陸上養殖事業における「魚サイズ推定ＡＩモデル」の構築などを手掛けています。最近では、ユニティ・テクノロジーズ社が開発したゲーム開発プラットフォーム「Ｕｎｉｔｙ《ユニティ》」を活用した、ＸＲコンテンツ（プラント研修ゲームやメタバース資料館）なども制作しており、遂行した案件は大小合わせて１００を超えています。

当社の特徴は、障害者を「ＩＴ戦略人材」として雇用している点です。日揮の主軸事業であるプラントエンジニアリング業界では、ＩＴ導入の遅れや人材不足が課題となっていました。そこで、障害があることで働く機会を得られていないエンジニアを受け入れて、日揮グループ企業に生じるＩＴに関する困りごとへの対応を特例子会社で請け負えば機能すると考えたのです。

２０２４年で会社を設立して３年になります。５人だった従業員は37人に増え、売上高も約６倍に成長しました。そして、ＪＰＴを含む日揮グループ４社で法定雇用率を上回る2・46％を達成しています（２０２３年６月時点）。

また、経済産業省が主導している「イノベーション創出加速のための企業における『ニューロダイバーシティ』導入効果検証調査事業」の先進取り組みとして、ＪＰＴの事例が紹介されるなど、社会にも認知されるようになってきました。この３年間で精神・発達障害者、いわゆる〝未開拓人材〟に対する雇用を生み出し、新しい障害者雇用のあり方を社会に示すことができたのではないかと思います。

私たちは、「障害の有無に関わらず、全ての人が対等に働ける社会の実現を目指す」をミッションに掲げ、日々その方法を模索しています。

まずは、私たちの取り組みを知ってください。そして一緒に、働きたくても働けない障害者を減らしていきましょう。

「できること」と「できないこと」が、ハッキリしているだけ

私は、日揮株式会社（現・日揮ホールディングス株式会社）で障害者雇用を含む中途採

用を担当していました。ですが、年間の採用活動を通して、障害者の合格者は一人もいませんでした。その背景には、大企業の手厚いセーフティーネットがありました。たとえば、日揮では年単位での休職期間が設けられており、その間も手当が保障されます。そのため、安定して働けるかどうかわからない精神・発達障害者の雇用がリスクとしてとらえられ、採用に至らないケースが少なくなかったのです。せっかく、よい人材がいるのに、自社の充実した福利厚生があるがゆえに障害者を採用できなかったのです。

そんな状況のなか、２０１９年10月に日揮がホールディングス化し、日揮ホールディングス株式会社、日揮グローバル株式会社、日揮株式会社の3社に再編されました。これにより障害者が偏在化し、これまで見えていなかった日揮グローバルの障害者雇用率の低さが露呈します。海外の仕事が中心である日揮グローバルでは、英語ができることが採用の必須条件となっており、それが障害者雇用のハードルとなっていました。

この問題を解決するために、特例子会社をつくり、グループで法定雇用率を満たす案が挙がりました。しかし、障害者を雇用してどんな仕事を担ってもらうかが課題でした。

そんなとき、ＩＴ特化型の就労移行支援事業所があることを耳にします。見学してみると、そこには高いスキルを持ったＩＴエンジニアがたくさんいることがわかったのです。

ちょうどそのころ、日揮ではＩＴ・ＤＸ化の課題が山積していました。この人たちなら日揮で活躍できるのではないか。そんな仮説を立て、特例子会社の設立に向けて本格的に動き出しました。まずは、ＩＴ特化型の就労移行支援事業所と連携して、１カ月間インターンとして働いてもらい、次のような仕事をお願いしました。

・有給休暇取得状況の可視化（部署別、年代別、役職別など）
・データベースの利用状況分析
・ＡＩを活用した工事検査業務の効率化

このように、簡略化・自動化したいものが社内にはたくさんあったのですが、ＩＴスキルを持つ人材が少なく、かつ社員は本業に忙殺され、後回しにされていたのです。依頼を受けた部署からは、「わかりやすい」「時短もできるし、ミスも減る」など、好評でした。

次に、横浜市内の製造業・ＩＴ・清掃業などの特例子会社に話を聞きにいきました。そこで目の当たりにしたのは、「簡単な仕事しか、お願いしていない」「最低賃金で雇用している」ということ。私自身、なぜ、健常者と同じレベルの仕事をしているのに賃金が低いのだろうと疑問を感じていました。それは、スタートが最低賃金だからです。

社会には「障害者は能力が低い」という思い込みがある。障害者を雇用するために、簡単な業務を切り出す。私たちがしたいのは、そういうことではありません。能力が低いのではなく、「できること」と「できないこと」がハッキリしているだけなのです。

たとえば、私は課題を細かいタスクに分解しスケジュール通りに物事を進めるマルチタスクが得意です。一方で、新しいことを考えたり、長期的戦略を考えたりするのが苦手です。だから、苦手な部分は、別の人にサポートしてもらっています。誰にでも得意、不得意はありますよね。障害者の場合、それが健常者よりもハッキリしています。

健常者がマルだとすると、障害者はどこかが尖っている。一般企業では障害者のできないことばかりが目立ってしまう。でも、できることの能力は突出しています。私たちは、その尖りを生かしたい。できることにフォーカスして、健常者と同じようなパフォーマンスが出せる会社をつくりたいのです。

2020年10月、日揮ホールディングスの役員会議で、特例子会社の設立を提案する日がやってきました。

会議が行われるのは、横浜のみなとみらいにある本社ビル最上階の36階。エレベーターを降りて、足が沈むような絨毯の上を歩いて会議室に向かいます。扉を開けると、本社の取締役や監査役などの重役が円卓を囲んでいました。張り詰めた空気のなか、私たちの考えを伝えました。

・社内にＩＴ・ＤＸ化を推進したいニーズがある
・しかし、スキルを持った社員が少ない
・一方で、障害者雇用率が足りていない
・ＩＴスキルを持った障害者を雇用して社内の課題を解決する

このようなストーリーで、インターンの成果と併せて提案しました。取締役のみなさんからは、「時代をとらえた、意義のある取り組み」といったポジティブな意見が上がり、満場一致で特例子会社の設立が決まりました。それから、就業規則や給与規程を整備し、２０２１年１月、日揮パラレルテクノロジーズが誕生しました。当時の同僚が社長、私が副社長に選任され、同年４月に５人の障害者を新たに雇用し、会社として動き出しました。

「できること」を生かす環境を整える

私たちの出発点は、働きたくても働く場所を得られなかった障害者を雇用することです。障害者にとって働きやすい環境を整えるために、本社の就業規則は踏襲せず、ゼロからつくり直しました。

基本方針は、働いたぶんだけお金を払う〝ノーワーク・ノーペイ〟と〝成果に関係のない優遇・不遇を排除する〟ことです。そうすれば、企業側のリスクが減り、採用のハードルがぐっと下がります。

具体的には、年単位の休職期間を3カ月にして、働く時間数は、週20〜40時間の間で選べるようにしました。たとえば、1日4時間で週5日勤務でもいいし、1日5時間で週4日勤務でもいい。それぞれの状況に合わせて選んでもらえるようにしました。

一般的に、時短勤務が認められるのは、育児や介護をしている人に限定されています。私はそこに違和感があります。育児や介護以外の理由で困っている人もいるのです。だから、全員が同じように選択できるようにし、その代わりに働いた時間の給与を支払うようにしました。

また、仕事の妨げになることを、徹底的に排除しました。出勤もコアタイムも必要ないので、フルリモート、フルフレックスです。全国どこでも働けます。夜10時から朝5時までの深夜・早朝を除き、いつでも好きな時間に働くことができます。中抜けも可能です。

勤怠管理は、パソコンやスマホから出勤、休憩開始、休憩終了、退勤のタイミングでボタンを押すと、勤務時間が打刻・集計される仕組みを導入しています。

有給休暇は、入社時から全員に一律20日間を付与しますが、結婚・出産・介護・忌引など属人的な特別休暇はすべて無給休暇としています。このほかに日報を導入しています。出勤して同じオフィスで働いていればわかることも、フルリモートではわかりません。そのため、日報でその日に取り組んだ作業内容や困りごとなどを提出してもらいます。

評価は完全に成果主義です。フルリモートなので、プロセスは見えません。アウトプットを見たうえで顧客の声を聞き、評価するようにしています。四半期ごとに面談を行い、目標と進捗を確認。一年を通してどこまでできたかを最終的な評価としています。

そして、JPT最大の特徴は、「一人1プロジェクト体制」を導入していることです。一般的に、プロジェクトの遂行にはチームで臨みます。しかし、当社では要件定義から納品まで、すべて一人で完遂することを基本としています。その理由は、人間関係の摩擦を極力減らし、目の前の仕事に専念してもらうためです。

インターンを実施したときに、チーム制にしたのですが、能力差があるとスキルが低いほうが自信をなくしてしまうのです。また、コミュニケーションが苦手な人もいます。作業以外のことで消耗する機会を少なくするために、一人で完遂する体制をとっています。

ここで心配になるのが納期です。ときには、調子を崩して作業がストップしてしまうこともあります。すると、納期に間に合わないおそれが出てくる。これについては、「重要だけれど緊急ではない仕事」を請け負うことでリスクを軽減しています。

先に挙げたようなＩＴ・ＤＸ化の案件は、いますぐしなければいけない仕事ではありませんが、「できたら助かる」という仕事。そこに、私たちはコミットしています。そのため、当社の仕事には決められた納期がありません。もちろんスケジュールは作成しますが、「必ずこの日までに納品しなければならない」といった期限がないのです。だから、障害者は自分のペースで伸び伸びと働ける。しかも、ノーワーク・ノーペイなので、最悪、社員が体調を崩し休職になったとしても会社側のリスクは少なくてすみます。課題が解決できて、働きやすくて、リスクがない。一石三鳥です。

自走が基本、障害者扱いはしない

業務遂行のうえで、重要な役割を担っているのがマネジャーです。私たちの会社は、Ｗｅｂ、ＡＩ、Ｕｎｉｔｙ、労務の４部門に分かれ、技術部門のマネジャーは、本社からの出向者です。この人たちは、もともと日揮でプラントをつくるエンジニアなので、内部事情や課題に詳しい。彼らが課題をＪＰＴに持ち込んで仕事につなげてくれています。

顧客のなかには、ITの素養がない人もたくさんいます。何がしたいのか、明確になっていないこともしばしば。一方で、JPTの社員には、ヒアリングをして問題を整理することが苦手な人もいます。そのため、顧客のニーズをくみ取り、エンジニアに指示を出す橋渡しをする人が必要で、この役割をマネジャーが担っています。

そのほか、フルリモートのため、社員の体調には特に配慮が必要です。精神・発達障害者は、何か気になる出来事が起こると、仕事に集中できなくなる人が多いのです。たとえば、健常者は人間関係で何かあったとしても、いったん横に置いて仕事をすることができます。でも、障害者はいつまでも悶々と考えてしまって、仕事が手につかなくなるのです。「私、嫌われているのかな」といった思い込みの強い人がいたり、急に不安に襲われたりする人もいます。安倍晋三元総理が亡くなった事件のときに、数日仕事ができなくなった社員もいました。

私たちがいちばん怖いのは、思い詰めて自ら命を絶ってしまうことです。社員には、うつ病で一人暮らしの人もいます。過去に一度、音信不通になったケースがあり、怖い思いをしました。だから、勤怠の打刻がされていなかったり、日報が出ていなかったりしたらすぐに連絡をとります。また、週に1回30分の個人面談を行い、様子を確認するようにしています。

2024年4月現在、JPTでは身体障害者2人、精神・発達障害者32人、健常者3人が働いています。うつ病、アスペルガー症候群、自閉スペクトラム症、統合失調症など障害もさまざま。同じ障害でも個人によって傾向がまったく違います。そのため、コミュニケーションをとって「この人はこういうタイプなんだ」と早くつかむことが大事です。

以前、顧客からこんな声が寄せられました。

「担当している人が、どんな特性を持っているのか教えてほしい」

障害名は個人情報にあたるため、本人の許可がないと伝えられません。でも、特例子会社の社員なので、障害者ということはわかります。「どう接していいのかわからない」とのことでした。そこで社員に、自分の特性を記した取扱説明書を作成してもらい、顧客と共有するようにしました。

JPTの社員には、自由度が高いぶん、自分で自分をコントロールしてもらう必要があります。自身の障害を理解して、その特性が出たときに対応できるスキルが大切です。みんなに自走できるようになってほしい。だから、障害者扱いはしません。

このように思うのは、私が健常者と同じ環境で育ってきたからです。

「どうすればできるか」を考える

私の父は、介護の仕事をしていました。「健太が一人でも生きていけるように、健常者と同じ環境で育てたい」との父の考えから、自宅近くの小学校に入学しました。母は「何があっても、健太は私が守るから」と言ってくれて、心配してくれていたのを覚えています。父は厳しい人で、「自分のことは自分でやれ」とよく言っていました。

手がない私は、お尻がふけず、いつも母にふいてもらっていました。小学4年生になると、父から「自分でふきなさい」と言われます。私と同じように手がない人は周りにいないので、誰もふき方を教えてくれません。どうしたら自分でふけるかを考えました。

そこで編み出したのが、丸まって背中をトイレのドアに押しつける方法。そうすると、手がお尻に届くのです。自分の腕につばを付けてその上にトイレットペーパーを置くとズレにくい。試行錯誤しながら、お尻が痛くなるまで何度も、何度もふいていました。

障害のことをからかわれたことは数知れません。小学校低学年のころ、同じクラスのガキ大将に右手を触られて「手なし人間」と言われていました。

最初は怖いなと思っていたのですが、我慢の限界に達し、正面から喧嘩しました。すると、手のひらを返したように言われなくなって。子どもなので、慣れれば悪口はすぐに消えていきます。落ち込むこともありましたが、保育園から一緒だった友だち2人が助けてくれて、それが支えになっていました。周りに自分と同じような子どもはいない。でも、この世界で生きていくしかない。我慢しないと。耐えないと。絶対に負けたくない。そんな思いを抱えながら過ごしていました。

小学5年生のとき、私にとって大きな出来事が起こります。

体育の授業で、みんなが縄跳びをしているのを横目で見ていました。すると、先生が「健太、一緒にやろうよ」と声をかけてくれたのです。「僕にはできません。手がないから」と答えると、「どうやったらできるかを一緒に考えよう」と言ってくれて。縄を腕に巻き付けてマジックテープでとめてくれました。

「すげぇ、できる……」

初めて縄跳びができました。運動神経はいいほうだったので、二重跳び、三重跳びがすぐにできるようになって、本当にうれしかった。

最初からあきらめるんじゃなくて、どうすればできるようになるかを考える。そして、工夫すればできるようになる。このときに学んだことが、いまの私の基本になっています。

サッカーとの出会い――自分と向き合う日々

保育園から一緒だった友だちのお母さんが誘ってくれたことをきっかけに、小学1年生からサッカーを始めました。これが、めちゃくちゃ楽しくて。リフティングを何回できるか、毎日その数をサッカーノートに記録していました。それが、日を追うごとに伸びていく。やればやるだけうまくなっていくのです。

小学5年生で横須賀市選抜に選ばれて全国大会で優勝しました。通っていた小学校で選抜に選ばれたのは2人だけ。誇らしかったですね。このころ、「サッカーなら手がなくても関係ない。俺はプロサッカー選手になる」と本気で思っていました。

中学に入ると、みんな体がだんだん大きくなっていき、フィジカルで勝てなくなります。レギュラーではあったのですが、伸び悩んだ時期でした。また、思春期を迎え、障害があることにうしろめたさを感じるようになっていきます。

体育祭のときの写真を見返すと、体操服のなかに腕を隠しているのです。どう見ても違和感があるのですが、そのときの自分は障害を隠したかった。障害者だと思われたくなかった。怖かったんだと思います。友だちに置いていかれるのが。「そうか、健太は一緒にできないよね」と思われたくなかった。だから、どうやったらみんなと同じようにできるか、必死に考えていました。

高校は、神奈川県のサッカー強豪高に進学しました。部員数は約100人、6軍までありました。このころになると、みんな体が大きくなってフィジカル負けが如実にあらわれるようになります。どうしたら勝てるか。どうしたら生き残れるか。自分と向き合う日々でした。ポジションはミッドフィルダーです。ボールを長く持っていると、相手がタックルしてきて押され負けしてしまう。自分の強みは、スピードとテクニック。ならば、ボールタッチをツータッチ以内におさえて、味方にパス。自分が動いてボールをもらう。周りを生かしながら自分も生かすプレースタイルに変えていきました。

朝練は7時から8時半まで。放課後は部活が終わったあと、自分の強みを磨くために走り込みをして、夜9時ごろ帰宅。サッカー漬けの毎日でした。そして、高校3年のとき、ようやくレギュラーになることができました。

いま振り返ってみると、自分と向き合う時間は、ほかの人よりも多かったと思います。手がないこの体で、どうしたらみんなと同じようにできるか。どうしたらサッカーでレギュラーになれるか。自分の強みと弱みを整理して、やるべきことを積み重ねてきました。

その結果、身の回りのことは自分でできるようになったし、高校サッカーでレギュラーポジションをとることもできました。努力したぶんだけ成長できる。小さな成功体験を積み重ねることで、自信がつきました。

できることを見せれば、道は開ける

高校1年生のとき、サッカー部の友だちがアルバイトをしていました。自分で稼いだお金で、好きなチームのユニホームやスパイクを買っていたので、自然と私もみんなと同じようにアルバイトがしたいと思うようになります。さまざまなアルバイトの面接を受けましたが、まったく採用されません。大げさではなく50社ぐらいは受けました。

面接のたびに「君は手がないから無理だね」と。ひどいときは、面接の部屋に入った瞬間、「もう帰っていいよ」と言われたこともあります。私は尋ねました。

「なぜですか?」

「手がないからできないでしょ」

もう、ショックで。私は身の回りのことは自分でできます。アルバイトも工夫すれば、絶対にできると思っていました。だけど、大人が私の体を見て、「できるわけないでしょ」

と決めつけるのです。私と同じような障害がある人は周りにいないので、友だちにも相談できず、親にも相談できません。こんな話をして、いちばん悲しむのは親ですから。でも、あきらめたくなかったので、どうしたら採用してもらえるか考えました。

あるイベント会社の面接に行ったときのことです。その会社の仕事は、夏祭りなどでテントの設営をしたり、撤収後の備品を洗ったりするというものでした。そこで、「1カ月無給でいいので、できるかできないか自分を試してください」と言いました。すると、採用担当の方が「わかった、試してやる」と言ってくれたのです。働いている姿を認めてもらい、2カ月目から正式に採用してもらいました。このときは本当にうれしかった。忘れられない成功体験の一つです。

企業側の立場で考えると、手がある人がいるのに、わざわざ手がない私を雇うメリットはありません。でも、きちんとできることをノーリスクで見せれば、わかってもらえる。あのときは、採用のハードルを下げることができたんだなと、振り返って思います。

「障害者はできない」という思い込みを変えたい

こんな強気な私ですが、挫折も経験しました。それは、プロサッカー選手になることをあきらめたときです。四つ下の弟がいるのですが、彼はプロのサッカー選手になりました。彼は中学でジュニアユースに入り、茨城県の強豪高に進学、大学を経てプロへ。いわゆるサッカーエリートです。「お前の弟すごいな」と声をかけられるたび、悔しい思いをしました。そんな劣等感もあって、サッカーだけはあきらめたくなかった。しかし、高校2年生ぐらいから、フィジカルの差をスピードやテクニックだけではカバーできなくなって限界を感じ、プロへの道を断念しました。手があったらもっと上までいけたのにと、葛藤した時期もありました。

目標を失った私は、やりたい勉強もなかったので、大学には行かず就職することにしました。周りの就職希望者がどんどん内定を決めていくなか、最後に残ったのが私でした。10社ほど受けたのですが、そのほとんどが書類選考で落とされてしまいます。焦っていた私に先生が、「障害者向けの合同面接会があるから行ってみないか」と声をかけてくれました。このときはまだ、障害者雇用の法律があることを知りませんでしたし、自分は障害者ではないと思っていたので「障害者枠？　なにそれ」と、乗り気ではありませんでした。

でも、早く就職を決めたかったので参加しました。そこで、幸運にも日揮と出会い、働く場所を得ることができたのです。

こうして2005年4月、日揮株式会社に入社。人事部に配属され、給与や年金、保険などの手続きを担当することになりました。高校を卒業したばかりで何も知らない私に、指導員の先輩が挨拶から身だしなみに至るまで、社会人のイロハを教えてくれました。

日揮に入ってくる人のほとんどは、海外での仕事にあこがれて入ってきます。入社して数カ月後、「海外で働きたいです」と上司に希望を伝えました。すると「阿渡くんは海外では働けない」と言う上司。理由を聞くと、「障害者が現場で働いた前例がないからだ」と。ここでもそうなのか。前例がないから、障害者だから、できない。アルバイトのときも、会社に入ってからも。世間の障害者に対する「できない」という思い込みと、ずっと闘っている。この思い込みを変えたい。そう思うようになっていきます。

それから労務の仕事を3年続けましたが、なかなか面白みを見つけられずにいました。まったく貢献できている実感が持てません。ロールモデルもいないなか、どのようにキャリアを歩めばよいのか。まったく見えておらず、ずっとこのままなのかなと、漠然とした不安を抱えていました。

周りの同僚は大学や大学院を卒業した優秀な人ばかり。一方、私は高卒で才能や実績もない。何か自信につながるものがほしかったので、25歳のときに社会保険労務士の国家資格を取得しました。

そうして、入社してから10年が過ぎたころ、「福島の現場に空きがあるから行ってみないか」と声がかかりました。ようやく道が開けた。そんな気持ちで、福島に赴任しました。福島の現場は、200人ほどの規模。私は、管理系業務の責任者を任されました。これまでの経験や資格を生かして仕事ができる。そして、初めてのマネジメント業務ができたこともあって、よい経験をさせてもらいました。

福島での仕事を終えて本社に戻ると、中途採用の担当を任されます。ここから、障害者雇用にかかわるようになり、特例子会社を設立。2024年2月に前社長から引き継ぎ、代表取締役に就任しました。

私は特例子会社であっても、きちんと利益が出せる会社をめざしています。そのために、いま取り組むべき課題が二つあります。一つは、基盤整備です。設立から約3年で会社規模が拡大したため、社内規程やマネジャーへの権限委譲などの整備が追いついていません。まずは、ここをしっかり整備します。

もう一つは、管理人材の確保です。社員が増えていくにつれて、クライアントとの橋渡し役である、マネジャーも増やしていく必要があります。ここには、20代、30代の若い世代に取り組んでもらえるようにしたい。

そうした環境を整え、将来的には外部の仕事にも挑戦していけるような会社にしたいと考えています。

障害を理由に、人生をあきらめない

私には経営者のほかに、もう一つの顔があります。2017年からパラテコンドー日本代表の強化指定選手となり、アスリートとしての活動もしています。きっかけは、2016年に開催されたリオデジャネイロ五輪・パラリンピックのメダリストパレードでした。選手がバスに乗って銀座をパレードしながら、大勢の観客に笑顔で手を振っている。その姿をテレビで見て、みんなキラキラしている。最高に気持ちいいだろうな。自分もそこに立ちたいと思ったのです。

年が明けて1月、東京都で開かれたパラスポーツ体験会に参加しました。パラスポーツは競技人口が少ないので、こういった選手発掘プログラムが開催されています。ここで、陸上競技の体験をしていたら、「君、テコンドーやらないか」と声をかけられたのです。

「来週、体験会をやるのでぜひ来てほしい」とのこと。テコンドーについては何も知りませんでしたが、競技を探しているところだったので、行ってみることにしました。

実際に体験してみると、ミットを蹴ったときにパーンと音が鳴って、すごく気持ちよかったんです。テコンドーは蹴り中心のスポーツです。長いことサッカーをやっていたので、蹴るのには慣れています。加えて競技人口が少ないため、パラリンピックに出るチャンスはあると聞いて即決しました。

2017年10月、ロンドンで開催された世界パラテコンドー選手権大会に初めて出場しました。私は健常者と同じ環境で育ってきたので、「俺より強いやつはいないだろう」と高をくくっていました。結果は2回戦敗退。当時、世界ランキング1位だったフランスの選手にボコボコにされました。

敗因は、間合いです。パラテコンドーはポイント制で、足と胴体に電子防具を着けており、攻撃により一定の圧力がかかるとポイントが加算される仕組みになっています。2分3ラウンドでより多くのポイントを取ったほうが勝ちなのですが、私の攻撃はまったく当たらない。一方、相手の攻撃はバンバン決まる。私の蹴りは完全に見切られていました。「すごい！　世界は広い」。価値観が変わった瞬間でした。そして、東京パラリンピックまではあと3年ある。練習すれば越えられない壁ではないと、決意を新たにしました。

それから、2018年6月に行われたアジアパラテコンドー選手権大会で準優勝しました。でも、このときの決勝は、世界パラテコンドー選手権大会で敗れたフランスの選手でした。ここでも、勝つことができなかったのです。それでも、以前よりも点差は縮まり、だんだんと実力差が小さくなっている実感がありました。

一方で、仕事と競技を両立することの難しさを感じていました。仕事が終わって、夜7時から10時ごろまで練習。増えていく海外遠征には有休を使って参加、旅費も自己負担です。仕事も忙しいし、練習も毎日あって、心も体も疲れていました。

ほかの選手たちは、アスリート雇用されており、会社から支援を受けていたのです。当時の日揮には、そのような制度はありません。そこで会社に、アスリート雇用制度を提案しました。すると、アジアパラテコンドー選手権大会で2位の成績をおさめたことが評価されて、制度を新設してもらえることになったのです。

アスリート雇用制度が導入されたことで、競技の成績が評価に反映されるようになりました。加えて、遠征費を補助してもらえるほか、これまで週5日勤務だったのを、週3日勤務にしてもらい、空いた時間を競技の練習に充てられるようになりました。

そうして迎えた、東京パラリンピック選考会。会社に応援をしてもらい万全の準備で臨みましたが、惜しくも敗れてしまい補欠選手となります。

競技は東京パラリンピックまでと決めていました。でも、2020年2月に行われる全日本選手権にもエントリーしていたので、この大会を最後に引退しようと考えていました。ところが、この大会で優勝したのです。余計な力が抜けて、相手を思い通りにコントロールできたことで、得点がバンバン入り、とても楽しかった。

以前から指導者に「お前は、テコンドーの本質をまだわかってない」と言われていたのですが、あまりピンときていませんでした。でも、このとき「あ、このことを言っていたのか」とやっと気づくことができたのです。これまで、身体能力や勢いだけでがむしゃらに押し通して勝ってきました。間合いや駆け引きの本質が、この試合でようやく少し理解できました。

そのあと、東京パラリンピックの強化合宿で、素晴らしい指導者に出会い、ますますテコンドーにハマっていきます。さらに、これまで3階級だったのが5階級にルールが改定され、軽量級の私がより戦いやすいフィールドができたのです。さまざまな偶然が重なり、いまはまだやめるべきではないと考えなおし、次のパリ・パラリンピックまで競技を続けることにしました。

2024年1月、パリ・パラリンピックの代表が発表されました。私と同階級の日本人選手が世界ランキングでの出場枠を獲得し、今回も残念ながら代表には入ることができず、またしても補欠選手となります。でも、全力を出した結果なので、悔いはありません。競技者として、パリ大会が終わるまでは責務を果たすつもりです。2026年にアジアパラ競技大会が名古屋で開催されるので、そこにお世話になった人たちを呼んで、自分の雄姿を見てもらい、競技者としての人生を終えたい気持ちはあります。ただ、年齢的に体力面も限界に近づいていると感じるので、いまはまだ決めきれていないというのが、正直なところです。

また、ありがたいことにテコンドーを始めてから、多方面から講演の依頼をいただくようになり、障害のある子どもたちや親御さんと交流する機会が増えました。

みなさんが私に質問するのは、「縄跳びや鉄棒はどうやりましたか」「字はどうやって書きますか」など、「いま」という短期的な目線の質問が多いです。ですが、大事なのはそこじゃない。そもそも障害の程度は人によってさまざまなので、私のやり方は参考程度です。長い目で見たときに最も重要なスキルは、「できること」と「できないこと」の自己理解をし、できないことに関しては、人に頼る、人にきちんと伝えるようになることです。

そのスキルを養うためには、いろいろなことに挑戦することです。何でもやってみなければ、できるかできないかの自己理解が深まりません。親御さんのなかには、「障害があるからできない」と、はじめから決めつけるケースもあります。たとえば、手に障害がある場合、「自転車は危ないから乗らないほうがいい」と親が子どもの可能性を決めつけている。それは、親が決めることではありません。やるかやらないか、どうやってやるかは、当事者である子どもが決めることです。

子どもが自転車に乗りたいのならば挑戦させる。いくら練習しても乗れるようにならなかったとき、子どもは落ち込むでしょう。でも、大丈夫。そのときは悔しい思いをしますが、自己理解は深まります。そして、自転車に乗れなくても、生きてはいけます。だから、障害を理由に可能性を狭めないでほしい。いろいろなことに挑戦して、自分の可能性を広げてほしい。ダメだったらダメでいいじゃないですか。それがうまくいくときもある。そうやって人は、成長していくのではないでしょうか。

私が「これやりたい！」と思ったことに対して、親から反対された記憶はありません。親が子どもの可能性を決めるのではなく、そっと子どもの気持ちに寄り添うぐらいの距離感が子どもの成長や自立に強く影響してくると考えています。

「成功にとらわれるな、成長にとらわれろ」

これは、サッカーの本田圭佑選手の言葉です。新しいことにチャレンジするときは、誰でも不安になるもの。それは、成功にとらわれているからです。そうではなく、成長に目を向ける。すると、そこには必ず学びがあり、成長がある。プラスにしかならないのです。そう考えると何も怖くありません。だから、社員には「行動しよう」と話しています。

ときどき、「阿渡さんだからできるんでしょ」と言われることがあります。でも、私には人より秀でた才能はありません。どうしたらできるかを考えて、行動してきた。ただ、それだけなのです。

障害者にとって、違和感のない世界をつくりたい

2020年から、YouTube(チャンネル名:パラテコちゃんねる)で配信を始めました。目的は二つあります。一つはパラテコンドーの認知拡大。もう一つは、障害に対する思い込みを変えることです。パラテコンドーのほうは悲しいことに再生回数が伸びないのですが、障害にまつわる動画は好評です。内容は、「手のない私がどのようにして身の回りのことをしているか」を伝えるもの。食事、着替え、お風呂、トイレなどの動画が

あります。

実際に、どんなふうにしてやっているのか健常者のみなさんには、想像ができないでしょう。誰かに手伝ってもらっていたり、特別な器具を使ったりしているわけではなく、全部一人でしています。それを見てもらえるツールがあるのに、これを使わない手はありません。実際に見てもらえれば、障害者でも工夫すればいろいろなことができるんだということがわかってもらえます。

ＹｏｕＴｕｂｅを始めた背景には、パラテコンドーを通して世界を見てきた経験があります。韓国、イギリス、アメリカ、トルコ、エジプト、イタリア、フランス、オーストラリア、メキシコ、ブルガリア、さまざまな国に行きました。

そこで出会った人たちは、自分の障害を隠そうともしていない。「かっこいいだろう」と自慢してくる人もいる。みんな人生を楽しんでいます。私が街を歩いていても、すれ違う人が親指を立てたグッドポーズをして、ほほえみかけてくれる。健常者が自然に接してくれるのです。２０２３年10月に中国・杭州で開催された「杭州２０２２アジアパラ競技大会」に出場しました。この大会は、アジア版のパラリンピックと言われるビッグイベントです。目が見えない方、車椅子の方、背が低い方、両手がない方（私はこれ）、片足がない方、下半身がなくスケボーみたいな乗り物でスイスイ移動している方、体の一部が変形している方……。選手村は多様性にあふれていました。いつもの風景との違和感を覚えると同時に、「この居心地のよさは何だろう?」と感じていました。

きっと、「自分の存在を否定されていない」という絶対的な安心感なのかなと思いました。道を歩いていてもジロジロ見られない。「あの人、手がないよ」「気持ち悪い」などと言われない。

このような反応が一切ないことが、居心地のよさの正体であると感じたのです。そこには、「みんな違って当たりまえ」という世界が広がっています。だから、違った形を見ても驚かない。むしろ個性を歓迎し、互いに助け合う。私の理想形は、杭州の選手村のような形なのかな、と感じました。

選手村で、こんな出来事がありました。

私は食堂で、持参したフリーズドライのお味噌汁の袋を開けるのに苦戦していました。すると、背の低いマレーシア人が、下から私を見て「Can I help you?」と声をかけてくれ、私の持っていたお味噌汁の袋をキレイに開けてくれました。そのあと、そのマレーシア人が「高い台に置いてあるポットを取ってほしい」と言いました。私はポットを取って、お湯を注いであげました。

これぞ、お互いの苦手をカバーし合う名シーン！　だと思いませんか？　全部一人でできなくたっていいんです。できなければ、どうやってできるかを考えて、それでもできなければ周囲に頼ればいいんです。「自立」とは、なんでも自分でできることではなく、どうしてもできないことや苦手なことは人や物に頼れる状態のことだと私は思います。この大会を通じて、自分の理想としていた世界観を体感できたことが、一番の収穫でした。

日本だと障害者をジロジロ見てはいけないような雰囲気があります。しかし、そういうのが海外にはなくて居心地がいい。日本も海外と同じように障害者が街を歩いていても違和感のない国にしたい。そのためには、障害者に慣れてもらうのがいちばんです。

普段から一緒に過ごしている友人は、ジャンケンするときになって「あ、そう言えば健太は手がなかったね」と気づくくらい、私の障害を意識せず受け入れてくれています。

これは何も特別なことではなく、いつも近くにいるから慣れているだけのことなのです。この「慣れる」という環境をつくるためには、障害者がどんどん自分を表現していくことが大切です。でも、奇異の目で見られるのが怖くて表に出られない障害者もたくさんいます。だからこそ、障害当事者である私が表に出て発信していく。それが私の使命です。

［挑戦3］

地方に働きがいのある会社をつくる

芹田章博
AKIHIRO SERITA
代表取締役

1973年生まれ。MBA。関東のゼネコンを経て、30歳でUターン。地方に働きがいのある会社をつくるという使命に燃え、奔走。約20年かけて社内のDX化に成功し、債務超過を解消する。

challenge 03

COMPANY
株式会社
セリタ建設

佐賀県武雄市の地盤改良を中心とする総合土木工事業。早くからDXやCSRに取り組み、その功績が環境省、中小企業庁、佐賀県などから表彰されている。2020年に株式会社サスティブを設立し、ホールディングス化、2023年3月に建築会社をグループ化した。

なぜDXは難しいのか

どうすればデジタルトランスフォーメーション（ＤＸ）化できるのか。

これは、多くの企業や組織がいま抱えている共通の悩みです。

新しいツールを導入し、デジタル化・オンライン化すればＤＸができると考えている人が多いかもしれません。ところが、ツールを導入しただけではうまくいきません。

私が代表を務めるセリタ建設は、最近になって、ＤＸ化やデジタルマーケティングに成功した企業として業界で知られる存在となりつつあり、メディアに取り上げてもらうことも増えてきました。

セリタ建設が取り組みを始めたのはまだ、「ＤＸ」や「デジタルマーケティング」といった言葉が存在していない約15年も前のことです。

当初、私たちはツールを自分たちが使いやすいようにカスタマイズしましたが、うまくいきませんでした。そこから長い時間をかけて試行錯誤を繰り返しました。

そして、結論めいたものにたどりつきました。

うまくＤＸ化するには、ツールを自分たちに合わせるのではなく、仕事のスタイルをツールに合わせて変えていかなければならないということです。DXに必要なのは、ツールを導入することではなく、社員一人ひとりが仕事に向き合う考え方を変えることなのです。セリタ建設でも、ツールを導入して仕事や働き方を変え、社内の考え方や空気が変わるまでは、長い時間がかかりました。

私は経営者が書いた本を読むことが多いのですが、多くの場合、経営者の話はきれいなストーリーになっていることが多いと感じます。そうした話を読めば、「やっぱり自分とは違う」「あの人だからできたんでしょ」と思ってしまいがちです。

でも、ひと握りの天才か強運の持ち主を除いて、たった一度の挑戦でうまくいく人などいません。誰もが人知れず試行錯誤を繰り返しているものです。

私たちは何に失敗したのか。

その失敗を乗り越えるために何をどのように考え、行動したのか。

そうしたことを包み隠さずお伝えしていきます。まだまだ改革途中のセリタ建設だからこそ伝えられることがある。

そう考えて、筆をとりました。

まさか、自分の会社が債務超過とは…

1973（昭和48）年に、私は佐賀県杵島郡大町町で生まれました。

セリタ建設は父が起こした有限会社セリタクレーンが前身で、地盤改良を中心とする総合土木工事業の会社です。河川沿いに低い平地が広がる武雄市周辺は昔から洪水被害が起こる地域として知られています。有明粘土層でできた軟らかい地盤の上にあることから、地域にとって地盤改良は大きなテーマでした。

大学進学とともに地元を離れ、関東のゼネコンで働いていた私が武雄にUターンしたのは30歳になったころです。1級土木施工管理技士の資格を取得したのを機に、事業承継のためセリタ建設に入社しました。

1年目は環境の変化に慣れるだけで精いっぱいでしたが、2年目を迎えるころには「何かがおかしい」と感じ始めていました。売上高は数億円あったにもかかわらず、手元に残るのはわずか数百万円。おまけに債務超過の状態が続いていたのですから。

このような状況が生まれたのは、公共工事を請け負う業界特有の事情があります。

公共工事の入札に参加する建設事業者は、建設業許可を取得するのはもちろんのこと、営業所の設置や常勤の専任技術者、建機・有資格者の数、財務状況の健全性など、さまざまな条件をクリアしなければなりません。こうした条件を満たすために無理して投資を続けていたセリタ建設の台所は火の車でした。調べてみると、帳簿上の数字と実際の資金繰りに大きなズレが生じていました。

なぜこうなってしまったのか。

大きな要因は、社内の職人の知識や技術のクオリティーが人によってばらばらだったことです。能力や経験は人によって違いますが、会社としては常に一定の水準を担保できなくてはなりません。職人を統率する人もいませんでした。当時の会社の状況をたとえるなら、小学校の教室に近かったかもしれません。教室には数十人の児童がいるのに、明確な目的や指揮命令系統があるわけではなく、目立つ人や声が大きい人の言うことに全体がなんとなく流れていく。そんな状態でした。

突き刺さった友人の言葉

そんなとき、忘れられない出来事がありました。

地元を離れていた高校時代の友人と久しぶりに会う機会がありました。その彼は思い詰めた様子で、「俺、地元に戻らなくちゃいけなくなったんだ」と言いだしたのです。有名自動車メーカーに勤めていた彼はさらにこう続けました。

「でも、地方には働きがいのある会社がないからな」

この言葉が私に刺さりました。

何の問題もないと思っていた父の会社は問題を抱えている、それなのにどう克服したらいいのか、どう取り組むべきか思い至っていない自分……。自分が勤める会社だけでなく地方の会社に共通する課題を突きつけられたような気がしました。

「どうすれば地方で働きがいのある会社をつくれるのだろう」

私の心の奥深くに友人の言葉が根を下ろしました。

私が行動を起こしたのは、２００９年のことです。その年8月の衆議院選挙で政権をとった民主党（当時）は公共工事を減らす施策をとります。公共工事の比重が大きかったセリタ建設は業績悪化が避けられない状況に追い込まれることになりました。人任せにしていられないと考えた私は、工事部から営業部に異動し、営業を担うことにしました。

結果は散々でした。

父の紹介で取引先の一つに挨拶に行ったときのことです。長年地元で社長をしていた父の紹介ですから、名刺交換はしてもらえました。でも、それが終わるとすぐ「ご苦労さま。出口はあっちだから」と裏口を案内されました。名刺交換は形式的なものだということは明らかです。

別の営業先では、渡したばかりの名刺がなおざりに投げ捨ててあるのを見つけたこともありました。自分の名刺が足元に落ちているのはわかっていても、怒りと情けなさで拾い上げることもできませんでした。

悔しいのは言うまでもありません。しかし同時に、セリタ建設はそのような扱いを受けるレベルの会社なんだ、とも思いました。セリタ建設に魅力がないから、ぞんざいに扱われてしまうのです。

こちらがお願いをするのではない。セリタ建設と仕事したいと取引先に思ってもらうんだ。そんな状態をつくっていかなくてはいけない——。

そう感じたとき、高校時代の友人の言葉がよみがえりました。

「地方には働きがいのある会社がないからな」

ないなら、つくろう。

そのときから、武雄に働きがいのある会社をつくることが私のミッションになったのです。

セリタ流三つの改革

働きがいのある会社に何が必要かと考えた私は、①給料アップ　②キャリアパス（自己成長の機会）制度の設置　③プライドを持ってもらうための施策展開、の三つに取り組むことを決めました。

社員に対し、がんばりに応じた対価を払えるようになるには、まず売上高を上げなくてはいけません。そのためには、社外からの見え方を変えていく必要があります。

まず取りかかったのはカタログのつくり直しです。

友人を介して知り合ったデザイナー兼クリエーティブ・ディレクターのサポートを受けながら、情報を整理し、第三者が見てもわかりやすい状態にしていきました。営業用のカタログにとって、情報の整理はとても重要です。当時の私たちが使っていたカタログは、他人が見てすっと理解してもらえないものばかりでした。そういうカタログを使っているということは、自分たちも的を絞って営業トークをできていないということでもあります。

カタログができあがった後は、ホームページや名刺など外から見えるあらゆるものを刷新していきました。社外からの見え方が変われば、社員も自分が働く会社に誇りを持てるようになるはずです。どの情報を選び、どのように書くのか、その結果自分たちはどう見られたいのか。営業で経験した悔しい出来事は、セリタ建設のこれからを考えることになった貴重な体験だったと、いまになって思います。

次に社内のDXに手をつけました。

当時、世間にはまだDXという言葉はありませんでした。営業とバックオフィスを効率化したいと考え、国内ベンダーのツールを導入しました。でも、これまでアナログでやっていた業務がクラウドに移っただけで社内で仕事の効率化は実現しませんでした。かえって社内の仕事が増えてしまったのです。

何が悪かったのだろう?

原因を突き止めるため、マイクロソフトやセールスフォース、サイボウズなどの国内外のIT関連企業が開催するセミナーに足繁く通うようになりました。当時、オンラインセミナーは主流ではありませんから、文字どおり足を使ったわけです。月に一度は東京に行って、業界のトレンドやその背景に何があるのかを学ぶ生活を半年ほど続けました。

そうして得た私なりの答えは、すでにうまくいっている企業の考え方やツールに自分たちを合わせていくということでした。

カスタマイズ性をうたう国内ベンダーと標準化をうたう海外ベンダーには大きな違いがあります。どちらの言うことが会社の将来につながるだろうか。そう考えると、客観的な実績も経験もある海外ベンダーの考え方が、少なくともその時点では正しい方向性なのだろうと思えました。

次に生まれるのは、どうすれば自社のこれからにつながるツールを選べるのかという疑問でしょう。予算以上に大切なのは、「自社のコアコンピタンス（中核となる強み）」の「何に課題を感じ」「どうしたいのか」ということだと思います。そのためには、自社のミッション・ビジョン・バリューを整理していかなければなりません。

ここであらためて自社に目を向けることとなった私は、ホームページを再度更新しました。このときからセリタ建設では、2カ月に一度の頻度でホームページを更新することが習慣になっています。

先に職人の知識や技術のクオリティーにばらつきがあったという話をしましたが、それは営業部も同じでした。

似たような工事の内容なのに、担当者によって受注金額が大きく違ったり、担当者の独断で採算のとれない金額で受注してしまったりすることがあったのです。セリタ建設に必要なのは、情報の透明化と業務の標準化だと考えました。さらにＫＧＩやＫＰＩなど活動目標の明確化や、営業やバックオフィスの効率化に加えて、工事部の日報や原価管理、案件の進捗や契約管理も一元管理できる、セールスフォースのクラウドプラットフォームを導入することにしました。

しかし導入だけでは何も変わりません。社員が日常的にツールを使うようになって初めて仕事のあり方が変わるからです。

そこで、私は自ら最前線に現状把握に向かったのです。

手始めに契約書や報告書・稟議書などの細かい書類の必要性や簡略化なども踏まえて、フォーマット統一に取りかかります。まだ、デジタル化した程度ですが、構想は大きく、ＤＸの世界観をあたためながら、そんな具合に少しずつ仕事の環境を整えていきました。

その過程で私が大切にしていたのは、社員自身の納得感です。「今日からこうするから、よろしく」というトップダウンのやり方では反発を招いてしまいます。

社長は役職であって、偉いわけでも、すべてを理解しているわけでもありません。わからないことは素直に「教えてください」と社員に教えを請う姿勢も必要です。「このフォーマットのこの部分を変えたいな」と思ったときは、社員の合意形成のプロセスに自分から入っていって、相談しながら決めていきました。一人ひとりとコミュニケーションをとって、方向性の軸を伝えつつ、味方につけていくことを心がけました。

ツール導入から、営業部で定着するまでに2年、その後工事部で定着するのに2年かかりました。会社全体に定着するまでにさらに5年。その後、急に業績が上向き、ようやく債務超過を抜け出したのは２０１９年のことでした。ＤＸでなぜ業績が伸びるのか。その理屈については、後ほどお話しします。

経営をリスキリング

社内ＤＸ化の真っ最中、何か足りないと思い、グロービス経営大学院で学び直しました。複数の経営大学院がある中でグロービスを選んだのは、実務に応用できる実践的な学びを得られ、大学院の経営が客観的にうまくいっていると考えたからでした。ここでも私は「客観性」を重視したわけです。在学中の２０１４年から２０１８年までの４年間、仕事終わりの平日18時から21時ごろまで勉強するのが私の日課になりました。

大学院で学ぼうと思ったのは、当時の自分に限界のようなものを感じたからでした。

関東のゼネコンで働いていたとき、数百人規模のプロジェクトをまとめるマネージャーの経験があったので、数十人規模のセリタ建設なら問題なく運営していけると思っていました。ところが、それは大きな勘違いだったことに気づきます。

プロジェクトには目的がありゴールもある。ゼネコン時代は指揮命令系統、あるいは誰がどこまで判断するのかの権限が明確で、困ったときに相談できる人が社内にいました。蓄積された知見のマニュアル化やアーカイブ化もされています。そのためゴールや目的が明確なプロジェクトを進めるのは、簡単とまでは言いませんが、それほど難しくないでしょう。

一方、経営には終わりがありません。課題をクリアしたり、目標を達成したりしても、すぐ次に新たな課題や目標を立てていかないといけない。でも、自分には、真っ白なキャンバスの上に次のステップを描き出し、クリアするために必要な知識やノウハウはない。このままではセリタ建設の経営を正しい方向に導いていけない。そう思い、学び直すことを決断しました。

仕事しながら勉強を続けるのは大変でしたが、経営大学院で学んだ4年間はとても濃く、充実した時間でした。大学院に行かずに独学で学ぶ方法もあったかもしれません。しかし、独学だとどうしても選り好みをしてしまいます。これからの人生を「働きがいのある会社づくり」に捧げるなら、より幅広い経営や組織、マネジメントなどこれまで触れてこなかった領域をあえて学ぶ必要があると考えました。

知識の獲得以上に収穫だったと思うのは、社会に出ても成長したいと願い行動する仲間と出会い、時間をともにできたことです。学術的な理論に加えて、実務家に講義していただいたこともあり、学ぶことの楽しさを実感しました。

情報の透明化で起きた「異変」

ＤＸでなぜ業績が伸びるのか。私なりの答えをお伝えできればと思います。それは「見えていなかったことが見えるようになるから」です。

ダイエットと同じで、レコーディングや見える化するだけで効果的です。食事と運動を記録することで自己管理が向上し、目標達成が容易になります。

つまり特別な方法は必要ないということです。

セリタ建設も同じでした。

まずは、営業担当が持っている案件情報を入力します。商談の進捗状況を視覚化し、どのステージにあるかをリアルタイムで確認できます。これにより、営業活動のボトルネックを特定し、効果的な対応が可能になりました。これにより、全体の営業パフォーマンスが向上していきました。

工事部では、建設現場の日報データをリアルタイムに集計し、工事の進捗状況や問題点を把握できるようにしています。トラブルが発生した場合、アラートが送信され、迅速な対応ができます。こうした仕組みにより、工事現場のスムーズな進行と、現場の問題の早期発見・解決が可能になりました。これで、赤字の現場がなくなります。

さらに、情報を透明化したことで担当者の意識が変わりました。セールスフォースのクラウドサービス導入により、営業活動にゲーム性を取り入れることで、営業スタッフのモチベーションを高め、楽しく競争心をあおりながら、全体のパフォーマンス向上を実現できます。

工事部では、日報を共有することで、各チームや個人の進捗状況が可視化され、自然と競争意識が高まります。目に見える成果が他者と比較できるため、より良い結果を出そうと努力します。社員それぞれが立場に応じて自分の頭で考えるようになったのです。

そうした積み重ねもあって、ツール導入から5年後の2016年から、業績が上向きになり、私が代表に就任した2019年、債務超過を脱します。ようやく資金繰りを心配せずに眠れるようになりました。

DXは「考え方」のアップデート

冒頭でもお伝えしたように、DXとIT化は同じではありません。DXは組織や仕事の仕方や働き方を変えることも含んでいます。紙の書類をデジタルデータに変換する、手作業を自動化するなど、業務をそのままデジタル技術で置き換えることだけではありません。デジタル技術を活用して、ビジネスモデルや業務プロセス全体を根本的に再構築し、新たな価値を創出することだと考えています。デジタル化にとどまらず、企業全体の変革を伴います。

コロナ禍で、「ハンコを押さない」という表層的な課題の解決は、デジタル化の一部にすぎません。DXを成功させるためには、業務プロセス全体の見直し、データ管理、組織文化の変革、技術インフラの整備、業務の可視化と分析、そして柔軟な働き方の実現といった、より深いレベルでの取り組みが必要です。これにより、真のDXが達成され、企業全体の競争力が強化されます。

ですから、ＤＸはツールを私たちに合わせようとするのではなく、私たちがツールに合わせる必要があるのです。その結果、セリタ建設の売上高はＤＸ以前に比べて２６０％アップ、経常利益率は20％まで改善しました。

これまでの人生を生きてきて、感じていることがあります。

それは、成功するかどうかは能力ではなく、思考の違いにあるということです。何をもって成功とするのか。私は、その人が納得のいく人生を歩むことができているなら成功者だと思います。

理想と現実の間にギャップがあるのに、納得感を得ることは難しいはずです。たとえ経済的に成功していなくても、本人がその状態に心底納得しているなら、他人がとやかく言う問題ではないでしょう。けれども、「本当はそうじゃない」「何かがおかしい」と感じているなら、ギャップを埋めるための思考と行動が必要だと私は思います。

40歳を過ぎてから、私はトライアスロンを始めました。水泳、自転車、ランニングの3種類を一人で完走するあの競技です。

トライアスロンは、大学院を修了し、日課だった夜の勉強と、仲間との交流がなくなったことで喪失感を抱いていた私に、先輩経営者が勧めてくれました。

運動は筋力や心肺機能など基礎体力も必要ですが、それと同じくらい、あるいはそれ以上に大事なのが正しいフォームです。正しいフォームを身につけなければ、ケガや事故の原因になることもあります。

マラソンの習慣はあったものの、長距離の水泳をしたことがなかった私は、コーチをつけて指導してもらうことにしました。けれど、どんなに熱心に指導してもらっても、うまくできないのです。そこで私は自分が泳いでいるところを水中カメラで撮影し、プロの動きと比べて何が違うのかを確認するようにしました。すると自分の何が悪いかが明確になり、体の動かし方も徐々にわかってきました。

そうやって練習を重ねるうち、いまではアイアンマンレースと呼ばれる、スイム3・8キロ、ロードバイク180キロ、ランニング42キロのレースに挑戦するまでになりました。これは私の能力が高いせいではなく、自分を俯瞰《ふかん》し、ギャップを埋める行動をしてきた結果だと思っています。

理想と現実のギャップを埋めるのに必要なのは、好き嫌いではありません。私たちは人間ですから、好き嫌いを完全になくすことはできないでしょう。けれども、ギャップを埋めるには、ひとまず好き嫌いは脇に置き、目標とする人や企業が何を考え、どう動いているかを知ることから始めなければなりません。

がんばったかどうかではなく、自己観照のように、シンプルにいまの自分の立ち位置を知り、どのくらい離れているかを測ります。そのうえで自分に何が足りないかを分析し、実行していくしかないのです。

そのこともあり、私は地元・武雄市の経営者の集まりに積極的に参加するより、自分の学びや知見を深められる県外のコミュニティーなどに参加するようにしています。

地方都市の企業の多くは、同調圧力により新しいことを試すのを避け、保守的な姿勢を貫いています。その結果、魅力的なプロジェクトが減り、若い人材も集まりにくくなります。さらに、地方の人口減少で建設需要が減り、売り上げも低迷。競争力が低下し、時代に取り残され、市場から徐々に姿を消していっています。同調圧力が原因で変化を恐れ、縮小の道をたどっているのです。

身近な人が持つすごい力

言動や行動は正しいかもしれない。けれど、地元経営者の集まりに参加しないなどして、地域にわざわざ波風を立てる必要があるのか。

地域社会に根付いた会社にいれば、そう思う方もいるかもしれません。

実は私には、よりどころとなっている人がいます。元武雄市長の樋渡《ひわたし》啓祐さんです。

樋渡さんは２００６年、36歳で市長に就任しました。当時としては、全国最年少の市長でした。

数多くの功績はありますが、中でも武雄市の図書館・歴史資料館の指定管理者をＴＳＵＴＡＹＡの経営母体であるカルチュア・コンビニエンス・クラブ（ＣＣＣ）にしたことは有名です。このように、樋渡さんの市議会や街の改革を推進する姿勢が、市民や企業に大きな影響を与えています。樋渡さんのリーダーシップにより、市議会はより透明で効率的な運営をめざし、地域の課題にすばやく効果的に対応しています。この変革の波は市民にも広がり、自らの生活や地域活動に積極的に参加し、住む街を良くしようという意識を持つようになっています。

企業もまた、樋渡さんの変革の精神に触発され、イノベーションや新しいビジネスモデルの導入に積極的に取り組んでいます。たとえば、行政主導のスタンスではなく、地元の企業自らが積極的に活動するスタンスが、地域の発展に貢献しています。小売業やサービス業も、顧客満足度を高めるために、デジタル化や顧客サービスの向上を図っています。

こうして、樋渡さんのリーダーシップによる改革は、市全体に波及し、市民や企業が積極的に変革を受け入れ、地域社会全体が活気づいています。これにより、武雄市はますます魅力的で活力ある街へと進化しています。

このような「やれば、できる」という感覚は、何かを始めるうえでとても大事なことだと私は思っています。

ここまでの話を読んだ方は、私のことを何事も突き詰めて考えるタイプだと思うかもしれません。でも、昔からそうだったわけではありません。考え方を変えることで、行動が変わったと言ったほうが正しいでしょう。

自分で言うのも変ですが、中学までの私は特別なことをしなくても「できる子」でした。ところが、高校に進学してその自信は崩れます。進学校だったので、周りは優等生ばかり。文武両道の生徒も多い校内では「普通の子」になってしまったのです。自信をなくしたせいか、大学受験も就活も納得のいくものではありませんでした。

しかし、私はそんな自分を認めたくありませんでした。

どうすれば納得のいく人生を送れるだろうか。

悩む私を再びやる気にしてくれたのは「人生は社会に出てからの時間のほうが長い」と

いう視点でした。

第1志望の大学に進んで大企業に入ったからといって、そこで人生が決まるわけではありません。ゴールは最後までわからない。だから、納得感を追求していこうと考えるようになったのです。

そして友人の言葉に刺激を受け、「地方に働きがいのある会社をつくる」ことをミッションとしてきたわけです。

「何歳になっても変われる」。経営大学院とトライアスロンの経験が、私にそう教えてくれました。

グロービス経営大学院では1回の授業に5~8時間の予習と、3~5時間の復習が必要でした。日本の大学生で一つの授業の予習・復習をそんなにしている人はいないと思います。少なくとも、私はしていませんでした。大学院は学位を取得する場所ですから、勉強するのが当然とはいえ、仕事をしながら卒業できるのか不安もありました。しかし限られた時間とお金を勉強に費やし、自らの成長を信じる仲間と学び合ううちに、いつの間にかそうした不安は消え、結局150もの企業事例を研究していたのです。

トライアスロンも、意識を変えてくれました。

実は私はヘルニアを持っています。7〜8年前にぎっくり腰になって以来、左足の中指から小指にしびれを感じるようになりました。そんな私にトライアスロンができるのか不安もありましたが、挑戦しはじめると体はしっかりこたえてくれました。悩み事があるときもマラソンをすると、ポジティブな考えが浮かんできます。下手なりに前に進んでいるのかもしれません。

昨日まで乗れなかった自転車にある日突然乗れたように、学習や練習によってできるようになった経験は誰もが持っているものです。ところが年を重ねるうちに、私たちは「やったことがないから、できない」とチャレンジすることを避けがちになります。学習を通じて克服してきたことを忘れているのです。

若いときに比べると思うように体が動かなかったり、覚えが悪かったりすることもあるかもしれません。でも、あきらめず正しい方向に努力しつづければ、ちゃんと変化していきます。私たちは何歳になっても変わることができるのです。

効率の向こうにある非効率

ＤＸやデジタルマーケティングに含まれている「デジタル」は合理的思考と表裏一体で

す。合理的思考は企業や組織をスピーディーに一定水準に引き上げてくれる一方で、天井にぶつかるのも早いと私は考えています。なぜなら、当たり前のことに意味があるのは、それをやっている人が少ないからです。合理的思考は正解にたどり着くためのものなので、遅かれ早かれみんな同じような答えになるでしょう。すると、合理的思考の価値は相対的に下がっていくのではないかと思います。

合理性を突き詰めた先に何があるのか。それは感情だと私は思います。

いまや給料は銀行振り込みがスタンダードですが、平成の初めごろまでは現金を手渡しする会社もあったでしょう。合理的に考えれば銀行振り込みのほうが安全ですし、人件費を含んだコストも安上がりです。効率重視で考えれば銀行振り込みのほうがよいことになります。

ところがセリタ建設は、あえてボーナスは現金手渡しにしています。「この令和の時代に、DXを推進する企業がなぜ?」と感じる方も多いでしょう。

それは、アナログで残したいものがあるからです。

先に働きがいのある会社に何が必要かというところで、①給料アップ ②キャリアパス(自己成長の機会)制度の設置 ③プライドを持ってもらうための施策展開、の三つを挙げました。給料は単なる通帳や画面の数字ではなく、がんばりに対する評価です。給料と自己成長、プライドの三つは深い関係にあると私は思っています。

ボーナスの現金手渡しは先代のころからですが、これからも続けていく思いでいます。家に帰った社員とその家族との間でボーナスをきっかけに会話が生まれたらいいなと思ったからです。

封筒を手渡した入社3年目の社員は「分厚っ」と言っていました。封筒には現金だけでなく私からの特別なメッセージが入っています。メッセージの文面は一人ひとり違うのが私のこだわりです。

個別メッセージを書くには、一人ひとりの社員を見て理解していなくてはなりません。そうしたこともあって、私は年に3回、一人15分から20分ほどの社員面談をしています。面談はこちらが伝えたいことを一方的に伝えるのではなく、社員が思っていることや感情を聞く機会です。

現場社員の面談は、私が作業現場に出向くこともあります。アウトドア用の椅子と机と、缶コーヒーを持っていきます。「買ってきたよ、飲もう」という雰囲気にするんですね。1on1が形式的なものになっているという話を聞いたことがありますが、会議室ではなく彼らの土俵に足を運べば、彼らは自分の話をしてくれると実感しています。

現場で面談し、個別にメッセージを書くのは社員の承認欲求を満たすように「見ているよ」と伝えるためです。こうした取り組みが奏功しているのか、最近は資格取得やスキルアップに積極的な若手社員が出てきました。私にとってはうれしい効果です。

日々の働き方を見ていることを社員に伝えるだけなら、社内SNSで「いいね」をしたり、コメントを入れたりするだけでも十分なのかもしれません。その一方で、リモートが普及したいま、直接会って話すことの価値は高くなっています。「わざわざ」会って話す。これ以上に、相手を気にかけていることをダイレクトに伝えられる手段はないでしょう。

つまり、非効率な方法が、最も効率がいい方法なのです。

セリタ建設の社員数とグループの社員を合わせれば60人ほど。まだ非効率を選択できる余地があるからこそ、あえて続けていこうと私は思っています。セリタ建設は働きがいのある会社に向かう道半ばなのですから。

「福岡の拠点」と「HD化」の狙いとは

2019年にセリタ建設は、福岡に営業所を開設しました。本社は武雄市のままですが、私は福岡に拠点を構えることにしました。

ここに来て私は、働きがいのある会社の条件である、②「キャリアパス（自己成長の機会）制度の設置」に力を入れ始めています。

ご存じのとおり、日本は人口減のトレンドに入っています。消滅する可能性のある自治体ランキングをニュースで目にした方も多いでしょう。一方で、生き残ると予想されている自治体もあります。その一つが福岡です。福岡は人口が増え続けており、特に九州の他地域の20〜30代の若い人財が福岡に集まってきています。

人手不足と少子化のいま、どの会社も採用に苦労しています。若い働き手に選ばれるには、給料や福利厚生だけでなく、社員の成長につながる機会を提供できることが欠かせません。そのためには現場職のほか、社員の希望やステージに合った職種を用意することが求められると考えました。

そういう意味で、私は戦略的に福岡という場所を選びました。すでに現状では、ローカルだけで経営に必要な人財やノウハウを獲得することは難しくなっています。その点、若い世代が集まる福岡に採用や営業の拠点を置けば、優秀な人財に選んでもらえる可能性は高まりますし、入社してもらった後も広がりのある仕事をお願いできるはずです。東京や大阪などの大都市圏に出た若者が地元に帰りたいと思ったときの受け皿になることもできるでしょう。

また、2020年に持ち株会社「サスティブ」を設立してホールディングス化し、2023年には建築会社をM&Aして、グループに入ってもらいました。地方には、営業や組織化が苦手でも技術力のある会社がまだまだたくさんあります。建設業にもさまざまな工種がありますし、セリタ建設のように公共事業を中心としている建設会社もあれば、個人の住宅やマンション・アパート、商業施設の開発や建設に強みのある会社もあります。そこで人や技術、知識、土地・設備、資金などあらゆるリソースを共有すれば、お互いにとって事業の選択肢が広がると考えました。

M&Aの対象は、オールラウンドタイプではなく、スペシャリストを想定しています。福岡にとがった技術力を持つ会社が独自の技術を伸ばしながら連携し合うイメージです。福岡に拠点を置いた効果もあり、いろいろな会社の情報が集まってきています。人財が交じり合えば化学反応が起こり、ともに成長を続ける新たな方策を見つけていくという好循環のサイクルを生む効果もあるかもしれないと期待しています。

最後に、働きがいのある会社の条件③「プライドを持ってもらうための施策展開」についてです。

プライドとはそこで働く人が「この会社にいてよかったな」とか、周囲の人が「あの会社で働きたい」などと思ってくれている状態のことだと私は考えています。これまで働きがいのある会社には、①給料　②キャリアパスが必要だという話をしてきましたが、働く人のプライドは、この二つがあって湧く感情なのではないでしょうか。

ただ、給料やキャリアパスだけで人が会社に愛着を持つことはないでしょう。単なる慣れや親しみと「自分の仕事には意味がある」「ここでよかった」という感情は別物だと思うからです。だから施策展開が必要なのです。

プラス評価をもらいにくい会社だからこそ…

自分のことだけで精いっぱいだった私の意識が変わったのは、子どもが生まれてからのことでした。「男は所帯を持って一人前だ」などと言いたいわけではありません。そうした世間体のような話ではなく、「この世界を、この子が生きていてよかったと感じられる場所にしたい」と思うようになったのです。

当時、その思いはまだぼんやりしていましたが、30歳でUターンして衰退する地元を見るうち、だんだん明確になってきました。そしてはっきり意識するきっかけとなったのは、「地方には働きがいのある会社がないからな」という友人の一言です。自分が生まれ育った街なのに、戻りたいとは思えない。若い人にそう思わせてしまう状況はとても残念だと思いました。

セリタ建設は、年に一度、武雄市北部にある柏岳を整備するボランティア活動をしています。社員だけでなく、地域の方や行政の方、チェーンソーメーカーの方などをお呼びして、森を間伐したり、林道をメンテナンスしたりするのが主な活動です。合間には樹皮を煮詰めた染め物などのワークショップも楽しめるイベントです。

活動自体はボランティアですが、実は別の狙いもあります。それが社員のプライドづくりです。

セリタ建設は総合土木工事や地盤改良工事を行う会社ですから、レストランやカフェのように、直接お客さまの反応や声を聞くことはめったにありません。地盤改良のおかげで、快適な建物や道路を造ることができたと考えることはできます。しかし「ありがとう」と感謝に触れる機会が少ないので、自分の仕事が誰の何の役に立っているのか、という実感を得るのが難しいのです。

狙いどおり、森の整備は社員にいい影響を与えているようです。

あるとき、地域の方に「あんたたち、よかことしよんね」と言われたと話す社員がいました。ガッツポーズする彼の様子を見て、人はプラスの評価をもらえるだけでこんなにうれしくなるものなのだ、とあらためて感じました。

また別の社員は子どもを連れてきたこともありました。会社の行事に家族を連れてくるのは、自分の職場を家族に紹介したいとか、家族とその時間を共有したいといった気持ちの表れだと思います。どのような思いを持っているか正確なところはわかりませんが、少なくともプラスの感情を持ってくれていることは間違いなさそうです。

私は地元の武雄が好きです。夜遅くまで煌々と明かりがついている建物がない武雄では、まるでプラネタリウムのようにくっきりと星が見えていました。特に空気の澄み切った冬場は格別です。子どもの頃は、そんな夜空を眺めながら物思いにふけっていたことを覚えています。ところが先日、夜の特急列車に乗ったら、商店のネオンの光が強すぎて星が見えなくなっていることに気がつきました。しばらく夜空を見上げる心の余裕もなかったのですが、久しぶりに見た空が霞んでいたのです。ふるさと自慢の夜空が損なわれてしまったのはショックでした。

仕事は徹底的に効率化するべきだと私は考えています。DXの大きな障害となっているのは、ツールではなく、それを使う企業や組織のあり方・考え方です。ですから、まずは世の中の流れを合理的に見て、スタンダードに合わせていかなくてはなりません。ただその先にあるのは、やっぱり人の感情です。

感情があるから、私たちは誰かに思いを伝えたくなります。うれしいとき、悲しいとき、つらいとき、その感情を誰と分かち合いたいと思うのか。それがどこで働くのかという話になり、最終的に働きがいやプライドにつながります。

何を変え、何を残すのか。その基準となるのが人の考え方であり、感情です。ときにはネオンと星空をどうバランスをとるのかといった難しい問題に直面することもあるでしょうが、これからも成長を続け、新たな答えを導き出す会社でありたいと考えています。正しいと信じることを、あきらめずに続ける。そうすればきっと、働きがいのある会社に限りなく近づいていけるはずです。

［挑戦4］

日本の教育インフラとして永続する会社をめざす

野口功司

KOJI NOGUCHI

代表取締役

1973年、宮崎県生まれ。小学3年生のときに「経営者になる」と決意し、大学卒業後8社でエンジニア、営業、マーケティング、法務、人事、役員などを経験したのち、起業。CBTソリューションズを立ち上げる。

challenge 04

COMPANY

株式会社CBTソリューションズ(CBT-Solutions)

2009年創業。資格試験をIT化し、全国どこでも試験が受けられるシステムを展開。国内シェア80%以上、年商100億円。業界をリードし続けるトップランナー。

資格取得の機会をすべての人に

教育やビジネスなど、さまざまな分野で必要とされる資格試験。みなさんも、人生の中で何らかの資格を取得した経験があるのではないでしょうか。私が創業したＣＢＴソリューションズの事業の柱は、誰もが自分の好きな時間に、自宅近くの会場でコンピューターを使って試験が受けられるＣＢＴ（Computer Based Testing）というサービスです。

かつて、資格試験といえば、ほとんどが年に1回だけの開催。しかも主要都市でしか実施されませんでした。都市部に住む人と地方に住む人の間に、大きな不公平が存在していたのです。

私は宮崎県都城市の出身です。子どものころは福岡まで行かなければ試験が受けられませんでした。しかも、九州山地で分断されているため、福岡まではバスで6時間もかかります。

沖縄県に住んでいる人だと、海を渡らなければならないこともあります。小笠原諸島に住んでいる場合、東京都心までセンター試験を受けに行くのに10日がかりの泊まりがけです。教育だけでなく、宅地建物取引士や電気工事士など、ビジネスにかかわる資格も無数にあります。天災などの事情でこうした試験会場にたどり着けなければ、その人は次の試験まで仕事自体ができなくなってしまいます。ただ地方に住んでいるというだけで、ここまで機会が奪われてしまうというのは、なんという理不尽でしょう。

こうした機会の不均衡を、ＩＴの力で是正したい。私たちはそのような思いから、ＣＢＴのシステム開発と普及に取り組んできました。

創業から15年。ＣＢＴソリューションズは日商簿記、ＦＰ技能検定、漢字検定、秘書検定など３００以上の試験の運営およびシステム構築を行っており、さまざまな社内試験や採用試験でも活用されています。テストセンターは全国47都道府県に３６０カ所以上を設置し、石垣島や宮古島などの離島などもカバーしています。サービス内容も、システムを提供するだけではなく、試験の申し込みから受験料の回収、試験のＣＢＴでの実施、採点、合格証明書の発行、受験者のコールセンターサポートなど資格試験に関するあらゆる工程をカバーするオールインワンのサービスへと進化しています。従来のように紙ベースで一つの会場に大人数の受験者を集める試験に比べ、印刷費や会場設営費、人件費などの負担を大幅に減らすことができるため、主催団体の側にも大きなメリットを提供することができています。

「受験者の利便性」と「団体のコスト削減」を同時に実現することで、いまではCBT業界において80％以上のシェアを獲得するに至っています。

小3で経営者をめざし、夏休みは近所のパソコンショップに入り浸り

「経営者になりたい」。最初にそう思ったのは、小学3年生のときでした。

道徳の授業で、「人間の生きる意味とは何か？」という、とても9歳の子どもへの課題とは思えないような問いが出されたのです。

授業中には何も答えられませんでした。クラスメートがこの問いにどうやって答えを出したのかはわかりません。ただ、とにかく自分には、その場で答えが出せなかった。そのころからすでに、いったん取り組んだら何でもとことん突き詰めてしまう性分だった私は、道徳の授業のあと、考えに考え、三日三晩眠れなくなるほど悩みに悩み続けました。

考え抜いた末に導き出した結論は、「人間は生まれたときから価値を持っているんじゃない。生まれた後、どんな行動をとったのかによってその人の価値が決まる」というものでした。

「人は、努力次第でいくらでも価値を生み出せる存在なんだ。それなら、自らも素晴らし

い人間になろう」と、そのとき心に決めたのです。

では、どんな道を選べば自分の理想を実現できるのか。最後まで迷ったのは、政治家になるか、経営者になるかです。

いろいろなニュースを見ていて、「たとえ政治家であっても、一人で何か大きなことができるというわけではなさそうだ」と、子どもながらに感じていました。日本の政治家のトップは、内閣総理大臣です。その内閣総理大臣でさえ、できることがずいぶん制限されているように思えたし、国を変えられるとは思えなかったのです。

一方、経営者なら、縛りなく自由に世の中を変えられる。志ある行動には「力」、つまり経済力が必要です。経営者なら、自分でつけた力で一介のサラリーマンにはできないことができるはず。可能性は無限大だ。そう考えて、経営者になる道を選びました。

さて、経営者になると決めたはいいけれど、何のビジネスをすればいいのだろう……。

そう考えたとき、「これからの時代はITだ!」とひらめきました。

私が9歳のころ(1982年)はまだ、Windowsもマウスもなくてキーボードから DOS画面にコマンドを打ち込んでパソコンを操作していた時代です。

一般家庭にパソコンなど普及していなかったため、地元で一番大きな総合スーパーマーケットだったダイエーに入っているパソコンショップに通いつめ、店頭に並べられていたデモ機を使ってプログラミングを練習しました。夏休みなどは、毎日朝から晩まで入り浸っていたものです。初めのうちは、当然、店員さんに注意されました。当時まだ高級品だったパソコンを、子どもが触って汚されでもしたら、大変だと思ったようです。

しかし、宮崎県の片田舎にあるパソコンショップです。そもそもそんなに売れないし、お客さんも少ない。子どもが毎日来て、そこで必死にプログラミングを勉強している姿というのは、宣伝になるかもしれない。そう考えてくれたのだと思います。

だんだん店員さんと仲良くなって、話をしたり、ときにはお茶を出してもらったり。ありがたかったし、いま思い返せば、ほほ笑ましくて鷹揚ないい時代でした。

こうして私は、パソコンショップのデモ機で、プログラミングの基礎を学んだのです。そのときの経験から、「恵まれない環境であっても、行動すれば道は拓ける」と、私の心に刻まれたような気がします。

「努力すれば何にでもなれる」という強い信念

中学・高校時代、「経営者になる」という私の夢は、さらに強くなっていきました。授業中でさえ、将来必要となるビジネスの勉強に没頭する毎日。まだインターネット上にほとんど情報のない時代でしたから、本を読み、新聞を読み、ニュースを見る日々です。学校の勉強はほとんどしていませんでした。授業に出ないことも増え、先生からはかなり怒られていたものです。

しかし、世の中のことを知りたい、理解したいという情熱は尽きることがありませんでした。いつかは経営者になれると信じて疑わなかった私は、とにかくその夢に向かって、努力を重ねました。「努力すれば何にでもなれる」という強い信念を持っていたので、それこそ一心不乱でした。

一部の天才を除けば、生まれながらの才能は、それほど差がない。そう私は思っています。会社なんて、日本だけで100万社以上ある。ということは、100万人の経営者がいるわけです。それだけ多くの人がなれるのだから、自分が経営者になれないはずがない。スポーツにたとえると、殿堂入りするのは無理でも、レギュラーの座を獲得できるくらいの一流をめざすなら、生まれ持った才能が十分になくても、夢は必ず実現できる。そう信じていました。

そしてその通り、私は経営者への道を歩んでいったのです。

芸人〝島田紳助さん〟をインストールして口下手を克服

大学は金銭的な制約もあったので国立に進む以外の選択肢はなく、地元の宮崎大学で情報処理とプログラミングを学んで将来の起業に備えました。しかし、卒業後すぐには起業しませんでした。プログラミングの技術だけでなく、経営に必要なスキルを身につける必要性を感じていたからです。

そこで、まずはプログラマーとして富士ソフトに入社しました。当時はＷｉｎｄｏｗｓ95が発売されて間もないころでした。小学生のころからプログラミングを学び続けてきたスキルを存分に発揮し、エンジニアとしての実力はすぐに認められました。

とはいえ、私の目標はあくまで経営者になることです。そのためには、営業力が不可欠だと考え、３年目に、営業部門への異動を希望しました。

希望どおり、営業部門へ配属された私を待っていたのは、まさに崖っぷちの日々でした。「硬派な九州男児」を自認していた私は、それまで無口こそが美徳と思って生きてきたんです。まして理系でしたから、なおさら、しゃべるのは得意ではありません。そんな私が営業で必死に説明しても、全く契約には至りません。３カ月ほど、１件も契約をとれない日々が続き、上司からのプレッシャーにも耐えられない。私はどんどん追い詰められていきました。

しかし、経営者になるためには言葉で営業ができないと始まりませんし、社会で戦っていくうえで、人間と対峙する力は絶対に必要です。

「どうしても、苦手を克服したい」。そう思った私は、営業スキルを磨くことに全力を注ぎました。まずは、書店や図書館に並んでいた営業に関する本を片っ端から読みあさりました。１００冊以上は読んだでしょうか。

書籍によってさまざまなノウハウを身につけ、理論武装は完璧でした。しかし、いざ顧客の前に出てみると、まったく言葉が出てこないのです。頭でっかちで、心と体がついてきていませんでした。

どうすればいいのだろう、と途方に暮れていたある日のこと。気分転換に大好きなお笑い番組を見ていたとき、ハッとしました。

芸人さんたちの話術です。彼らは言葉ひとつで、聴衆の心を巧みにとらえます。特に私が注目したのは、島田紳助さんの話し方でした。声の抑揚、間の取り方、表情。紳助さんのしゃべりには、人を惹《ひ》きつける魔法のような力が宿っていました。

「そうだ、紳助さんの話し方を真似してみよう」

そう考えた私は、テレビ番組を録画したビデオを見ては、その話し方を完璧にコピーしていきました。英語を学ぶときのシャドーイングの要領で、紳助さんの話し方、身ぶり手ぶりをそっくりそのまま真似していくのです。

数カ月かけて、私は紳助さんの話し方を徹底的に自分へインストールしました。

その成果は、絶大でした。

言葉に迷いがなくなり、自信を持って商品の魅力を伝えられるようになっていたのです。もともと、ITの知識自体は十分にあったので、そこに話術が加わったことの効果は絶大でした。営業成績も右肩上がりに伸び、そこから1年で20億円を売り上げ、その年のMVPを獲得しました。上司も驚くほどの変貌ぶりでした。

しかし、これで満足している場合ではありません。目標はトップ営業マンではなく、経営者なのですから。

「営業力があれば、経営の世界でも勝負できる」。そう確信した私は、次なる学びの場を求めて、転職を決意しました。

3カ月で「クビ」も…7回の転職で培われた経営哲学

2社目に入ったのは、世界的なIT企業で、マイクロソフトに次ぐ業界2位の座にあるオラクルの日本支社でした。私はエデュケーション部門に配属され、「ORACLE MASTER」という資格試験のプロモーションやマーケティングを担当しました。営業とはまた違った視点から、ビジネスの仕組みを学ぶ貴重な機会を得たのです。

オラクル時代に、教育事業の将来性と重要性にも気づかされました。

IT業界の発展に伴い、「ORACLE MASTER」のような資格試験の需要は高まる一方です。このとき、日本全国どこからでも資格試験が受験できるように、CBTサービスを導入する経験もしました。アメリカにはこのような便利なサービスが存在するのに、日本ではまだ、そこにしっかり対応できる会社が存在しないことに気がついたのも、このときです。「資格ビジネスは社会に価値を提供できる」。オラクルでの経験によって、私の中に、教育事業への思いが芽生えはじめていました。

その後も私は、さまざまな企業を渡り歩きました。人事や不動産関連、飲食店の経営などの職種に身を置きましたし、現在につながるような、コンピューターを使った資格試験を運営する外資系の企業も経験しました。ベンチャー企業の役員として、新規事業を立ち上げて事業責任者になったこともあります。

7回の転職経験を経て、私は経営者に必要な知識とスキルを吸収していきました。企業を転々とする中で、悔しい思いをしたこともあります。私は外資系を渡り歩いていた割に英語がまったくできません。そのことを前提に、転職エージェントの仲介で私を採用した企業がありました。しかし、上司は私にわざと英語翻訳や調査の仕事を振ってきて、わからないとそれを人前で嘲笑する。ほぼ全員が英語に堪能な会社だったので、英語ができないと無能扱いされる企業でした。いろいろがんばってはみましたが、「仕事ができない」というレッテルをはがすことはできず、まともな仕事をさせてもらえないまま3カ月でクビになりました。

上司に部下を伸ばす気がなければ、社員にいくら能力とやる気があっても、打つ手がない。社員への支援体制や教育が絶対に必要だということを痛感しました。この企業を反面教師にして、CBTソリューションズでは仲間を大事にして、一緒に成長を喜んでいける文化をつくっています。

社会に出てすぐに起業する人もいる中で、7回も転職を重ねた私の人生を「回り道をした」ととらえる人もいるかもしれません。しかし、私は経営者になるにはまず、経験を積み重ねることで得られる「人間力」が必要だと考えていました。

私の経営哲学は「負けないこと」です。もし、勢いだけで起業して会社が倒産するようなことになれば、自分を信じてついてきてくれた社員や、取引をしてくれたお客様にとてつもない迷惑をかけてしまう。そう考えると、経営者にとって会社を倒産させることは一番の社会悪であり、私が子どものころに夢見た「価値を生み出す人間になる」こととは正反対の行いです。常に社会に価値を提供していくという理想を実現するためには、決して倒産しない会社をつくる必要がありました。

だから、この時期の私は将来の起業に備えて、力を蓄えることに集中しました。どの会社にいるときも、常に「最短でMVPを取ること」を目標に掲げて全力でチャレンジし、結果を出し続けることで、自らの市場価値と実力を高めていったのです。

一方で、仕事に邁進すればするほど、心身のバランスの大切さも痛感するようになりました。

学生時代、哲学が好きだった私は思索にふけるあまり、2度も胃潰瘍になった経験があります。どこまでも突き詰めて考えすぎる癖があるため、過剰なストレスがかかってしまっていたのでしょう。

この経験からわかったのは、人間の体は肉体的疲労よりも、脳の疲労、心の疲労によって深刻なダメージを受けるということです。「もう同じ過ちは繰り返さない」と心に決めた私は、独自のメンタルコントロール術を編み出しました。それは、同じ問題について2時間以上考えないことです。もっと言うと脳の同じ部位を連続で使わないというのが正しいです。同じ悩みをずっと考え続けていると心が病みストレスが発生します。それは同じ脳の部位を使い続けているからと解釈しています。考えたり、運動したり、悩んだり、お笑い番組を見たり、会話をしたりと、時間単位で違う脳の部位を使うようにしています。これは、脳の部位ごとの疲労を抑えることが目的です。

あくまで私オリジナルな方法なので、科学的に効果が証明されているわけではありませんが、長時間労働もいとわない私にとって、この方法は、以来ずっと強い味方となりました。いまでもこのメンタルコントロール術を使い続けており、それ以来、胃潰瘍にはならなくなりました。

起業から3年間、地獄の営業活動

35歳で、ついに私は独立を決意します。

「負けないこと」を信条に、誰よりも研鑽《けんさん》を積んできました。いまこそ、理想の会社をつくり、社会に貢献する時です。

事業コンセプトは、「教育×ＩＴ」です。「日本の教育をＩＴの力でアップデートする」という思いを胸に、私は教育事業者向けのシステム開発事業をスタートさせました。

起業してからの日々は、まさに地獄でした。コネも実績も何もないところからの起業です。とにかく、営業をして仕事をとってこなければ何も始まりません。

仕事があってそれに忙殺されているのなら、何とも思いません。むしろ、燃えてくるぐらいです。しかし、仕事が一つもないところから仕事を獲得するためにひたすら営業活動をするというのは、本当に大変でした。ＣＢＴなどといっても誰も知らない時代ですから、「何だそれは」から始まるわけです。

資本金は３０００万円ですが、基本となるシステムは私が前に所属していた会社で開発したもので、それを事業ごと買い取る費用も数千万円かかりました。買ったばかりの家のローンも合わせると、全体で１億円近い借金をしての創業でした。

実は独立するとき、多くの経営者に出資しないか声をかけてみたのですが、コネも学歴も地位もない私に対しての反応は冷たいものでした。「君にそんなことができるわけないだろ。常識を見ろ」「絶対成功しない」とも言われました。ですが、成功はできると感じていました。それは全員が成功しないと決めつけたからです。

他人がやろうと思わない険しい山なら、真似もされづらいし、市場を独占できると思ったのです。だから、借金をして会社をつくりました。もし返済できなかったら生命保険で払うしかないな、と正直考えていました。まさに背水の陣でしたが、自分は絶対成功すると信じて進みました。

そして営業を始めました。最初は当然一人での営業活動ですから、リソースが明らかに不足しています。私は綿密に戦略を練り、ＢtoＢに狙いを定めて、東京の企業のみをターゲットに営業を行いました。

ＢtoＢの営業は、実績がなくても個人の営業力さえあれば、なんとか突破できます。ＢtoＣとＢtoＢの違いはそこにあると、私は考えています。ＢtoＣはマスを対象にするため、1万人や10万人に対してマスプロモーションを行う必要があります。この規模のプロモーションになると、もはや営業の仕事ではなく、マーケティングの領域です。一方、ＢtoＢは目の前の一人だけがターゲットになります。たとえ99人に嫌われたとしても、目の前の一人が自社のことを好きになって買ってくれれば、それだけで成り立つのです。

ＢtoＢの営業においては、担当者ではなく、決裁者の心を射抜くことが重要になります。つまり、購入を決定する権限を持つ人物を説得できなければ、まったく意味がないのです。その点については、これまでの経験から「決裁者と話すところまで持ち込めれば、落とせる」という自信が私にはありました。

死にもの狂いの営業をした結果、初年度からＪＲ九州やエイベックスといった大手企業との契約を獲得しました。これは営業さえできれば初年度からこんな大企業とも契約できるという好事例になるのかと思います。

ただ、なんとか初年度から黒字化に成功したものの、余裕はまったくありませんでした。起業してから最初の3年間は、一日も休まず遮二無二《しゃにむに》働きました。血尿が出たときは、さすがにひるみましたが、それぐらい心身ギリギリのところで闘っていました。今ではいい思い出です（笑）。

「弱者の戦略」で徐々に頭角を現す

なぜ、実績ゼロからスタートした私たちが、創業から15年でマーケットシェアの80％以上を握る１００億円企業にまで成長することができたのか。

皮肉なことですが、要因の一つは、日本が遅れていたことです。アメリカやヨーロッパは合理的なので、先行してＣＢＴが主流になっていました。一方の日本は、特に教育や医療の分野でＩＴ化が遅れていて、それが、日本から世界へはばたく人たちの育成を妨げていました。しかし、この状況こそが、私たちのようなベンチャー企業にとって有利に働いたのです。

起業した当初は、多くの試験主催者がＣＢＴのメリットを理解していませんでした。営業先でよく言われたのが、「カンニングされるのではないか」ということです。しかし、実は従来のようなマークシート方式のほうが、隣の席を覗《のぞ》けてしまうわけですから、よほど簡単にカンニングができてしまいます。私たちの提供するＣＢＴでは、独自のシステムにより受験者ごとに違う内容の問題がランダムに表示される仕組みになっていて、隣の席で同じ問題は受けていないのでカンニングは物理的に不可能です。

極端な話をすると、紙の試験では事前に問題用紙を郵送するので、先生が開封して学生に教えてしまう可能性だってあります。ＣＢＴでは暗号化技術によって試験開始まで誰にも問題は見られませんから、このような問題も発生しません。

教育業界には保守的な人も多く、「やっぱり紙でないと」という考え方もまだまだ根強いのですが、こうしたメリットを一つ一つ説明することで契約を勝ち取り、マーケットシェアを拡大していきました。

経営をするうえで私が大いに参考にしているのが、もともとは戦争の理論であったものをビジネス向けに応用した「ランチェスター戦略」です。ランチェスター戦略では、弱者と強者それぞれの立場から事業戦略を考えます。創業当初の私たちはリソースもマーケットシェアも持たない、まさに弱者でした。

ランチェスター戦略では、弱者は一点突破を狙うべきだとされています。たとえば、重要な項目が六つあるとしたら、そのうちの5項目は負けてもいいが、得意とする1項目では突破して1位になり、そこで勝負に勝つというものです。創業当初、私がB to B営業で決裁者一人の心をつかむことに集中したのも、この戦略によるものです。

100社ほどとの契約を獲得するまでは、営業は他の社員に任せず、すべて私が行っていました。弱者は常に戦力を出し惜しみせず、最強のカードを切って勝負しなければなりません。当時の最強のカードは、間違いなく社長である私自身が営業に行くことでした。

毎日、何件も電話をかけて、アポがとれたら営業に足を運ぶ。1社の契約を勝ち取るまでに半年以上かけて、何度も先方に足を運びますし、時には2〜3年かけて受注に至ったこともあります。先方も、試験のＩＴ化については情報を知りたがっているので、こちらが知っていることを提供するだけでも重宝されます。そうやってコンサルティングのようなことをしながら、地道に信頼関係を構築していきました。「後進を育成する」などと生ぬるいことを言って他の社員に営業を任せていたら、決して今の成功はなかったでしょう。

現在のように47都道府県すべてにテストセンターを設置できたのは、創業から5年目のことです。それまでは、何もないところから1カ所ずつ開拓を進めていきました。物件のオーナーさん側と電話で交渉して、脈がありそうだと思ったら現地調査をして、私たちの設定した試験会場の基準を満たしているかを確認したうえでパートナーとして契約していくという地道な作業です。離島などでは金銭的にそこまで利益の出ない会場もありますが、私たちの理念に賛同したオーナーさんの心意気で契約していただいています。

私が思うのは、企業は他社と違う特徴、武器を尖らせてブランディングをしろ、ということですね。弊社はまず、ＩＴ技術に圧倒的な強みがありました。独自の開発方式で他社の10分の1くらいのコストで開発する技術を持っています。これは圧倒的な武器でした。だから、初期は開発を中心に営業をしていました。製品が固まってからも、カスタマイズや保守でお客様の声を気軽に拾い対応していく。それも低コストでスピーディーに。そのため創立から15年間、弊社のサービスが嫌で解約したお客様はほぼいらっしゃいません。それくらい手厚いサポートを実現しています。またその後は、国内実績ナンバー1やテストセンターの数で国内トップなど多くの武器を有していきました。それらの業界ナンバー1の武器を磨き、またそれをブランディング・メッセージとして市場に伝えていく。「あ、そういう特徴のある会社なのね」と理解してもらうことがビジネスにおいて非常に重要です。それらの武器を弊社はどんどん増やしていきました。

こうした積み重ねを経て、私たちは大きく成長しました。マーケットシェアが50%を超えると、今度は「強者の戦略」にランチェスター理論をシフトする必要があります。

強者に問われるのは、マーケットリーダーとしての総合力です。現在のCBTソリューションズはこの戦略に基づいて、すべての分野において1位を目指しています。

まず、業界シェア1位ですから実績は日本一ですし、全国360カ所以上というテストセンターの数も日本一。システムの質も圧倒的に日本一だと自負していますが、同時に価格も他社に比べ非常に安価です。サポート体制も充実しています。クライアントに対して専属のサポート担当者が必ず付くのに加え、年間300万人の受験者に対してのコールセンターも設置し、土日も含め一年中サポートを提供しています。

私たちと他社との大きな違いは、私たちがＩＴ技術者集団であるという点です。創業当初から社内に一流のプログラマーをそろえていましたし、コーディングを自動化する独自のシステムを導入することで、開発コストとスピードは他社の10分の1を実現していました。こうした強みを生かし、ユーザーやクライアントから要望や苦情を受けたらすぐにシステムやサービスを改善し、物販や合格証の発行など、１０００以上の機能を備えるまでになりました。15年間、ほぼ解約がありません。それがお客様に満足いただいている証拠だと思います。

資格試験というのは毎年必ず実施され続けますから、解約されなければ翌年度もサービスは継続されます。ですので、昨年度の売り上げを次年度が始まった時にすでに達成するモデルで、その年の新規追加分だけ売り上げが増えます。

こうした特性があるので、ＣＢＴソリューションズは創業からずっと右肩上がりの成長を続けてこられました。まさに、私の経営哲学である「負けないこと」を体現したビジネスモデルなのです。

一流の環境が一流を育てる。社員には最高の環境を

「最高の環境を」。これが、社員を大切にするCBTソリューションズの経営哲学の一つです。福利厚生として世にあるものは、ほとんど取り入れています。

創業から15年で社員数100人以上、売り上げ100億円の企業に急成長を遂げられたのは、一人ひとりの社員のやる気と能力を最大限に引き出すマネジメントがあってこそだと、私は考えています。そのために欠かせない要素が一流の環境です。私は「一流の環境が一流を育てる」という哲学を持っています。社員には最高の環境を。オフィス環境から福利厚生や納得の評価制度や給与など、働く環境を最高のものにこだわっています。

オフィスには、80坪のラウンジを設けています。カフェのような開放的な空間で、ドリンクやフードは社員なら誰でも無料。仕事の合間にくつろいだり、ランチを楽しんだり、卓球やダーツで息抜きしたり。マッサージチェアでゆったりとリラックスタイムを過ごすこともできます。

このラウンジは、社員同士の交流を促す場にもなっています。ランチタイムには部署の垣根を越えて集まって、情報交換や雑談に花を咲かせています。本格的なバーカウンター

もあるので、定時後はお酒を酌み交わしながら、仕事の悩みやアイデアを語り合えます。オフィスでありながら、まるで本物のバーや居酒屋のようなにぎわいを見せています。

このようなハード面の設備以外にも、社員のウェルビーイング（身体的、精神的、社会的に良好な状態にあること）を高める独自の制度を数多く用意しています。

たとえば産休・育休。弊社は創業以来、取得率も復帰率も１００％です。男性の育休取得も推奨しており、男性の育休取得期間の平均値は２カ月です。１年間の長期育休を取った男性社員もすでに存在します。

介護休暇も、必要な社員にはしっかりと付与します。休暇を取得してもキャリアに影響が出ないよう、同じ部署への復帰を保証し、時短勤務なども柔軟に対応しています。育児や介護をしながら働く社員を支援する。それがＣＢＴソリューションズの大切な文化です。

私が福利厚生を進めるにあたり根底にあるのは「社員を大人として扱う」という考え方です。上司と部下という立場はあっても、信頼で結ばれた対等なビジネスパートナーです。だからこそ、経営者として、社員にはできる限りの待遇を与える。それと同時に、「自立した一人の大人として行動してほしい」と常々伝えています。

ＣＢＴソリューションズは、日本のインフラだと自負しています。もし弊社がつぶれたら、すぐにサービスを切り替えるのは難しく、日本で多くの試験が1年ほど実施できなくなるかもしれません。だから、決してつぶれるわけにはいきません。１００年続く会社を創りたい。いえ、１００年でも足りません。永遠に続く会社を創りたいと思っています。

そのためには、特定の人に依存する会社ではなく、人員が入れ替わったとしても存続できる組織にしなければなりません。上司が部下を育て、その部下がまた成長して、さらに1階層上がって管理職として部下を育てていくというように、常に社員が成長していく組織をめざしています。人間が成長するためには、変わろうという意志の力が必要です。その意志の力を最大限引き出すための、成長するための環境なら、いくらでも提供します。そのための「最高の環境」なのです。

社員たちには、私がいなくなった後も、未来のＣＢＴソリューションズを支えるような人材になってほしい。そう期待しています。

採用に勝る教育はない

私が現在少し悩んでいるのは、結局のところ、いくら「がんばれ！」と言ったところで、本人が納得していなければ、真の成長には至らないということです。

「変わりたい」と思っている人は、自ら行動を起こすものです。そのような人材をしっかりと見つけ出し、教育することに力を入れています。ただ、人間の本質は簡単には育ちませんので、自ら「変わりたい」「成長したい」と思わない人材について、私たちができることというのは、あまり多くないのかもしれません。

知識やスキルは育成することができます。しかし、人間の本質、たとえばサボり癖があるとか、情熱的であるとか、集中力の有無とか、冷たい人・あたたかい人というような根底の部分については、変わることは難しいと考えています。

人材開発の現場では、「採用に勝る教育はない」とよくいわれます。つまり、最初から成長できる人材を見つけ出すことが何より重要なのです。そのためには目利きが必要であり、また、そのような人材が入社したくなるような会社になっていなければなりません。選ばれる会社になる必要があるのです。

だからこそ、私自身がメディアに出演したりＳＮＳやＹｏｕＴｕｂｅなどでも発信したりして会社としての知名度を上げることで、優秀な人材を惹きつけ、目利きでその中から良い人材を選抜するようにしています。優れた人材が入社してくれたら、あれこれうるさく指導するのではなく、基本的に環境とチャンスを与えます。力のある人は必ず上がってきます。

上がってこられない人の中には、何かのせいにしたり言い訳をしたりする人が多い印象です。言い訳をしたところで、結局は自分に返ってくるだけです。言い訳せずにがんばった人だけが最終的に自分の実力を上げていくのです。

また、できる人というのは人格者であることが多いです。人としても優れていて、周囲の協力を集め、自然とチームのリーダーになっていきます。

経営ノウハウ発信で「令和の志士」を育てる

日本の未来を考えるとき、私は大きな危機感を抱かずにはいられません。少子高齢化が加速し、働き手が激減する一方で、高齢者は増え続けています。このままでは、日本経済は立ち行かなくなるでしょう。

加えて、世界的なインフレの波が押し寄せています。日本が成長しなくても、世界は年率2〜3%程度の成長を遂げているのです。30年後には物価が2倍になっている可能性だってある。そうなると、たとえば今の年収500万円は、事実上250万円の価値しかもちません。高齢者を支える若者の負担は、どんどん重くなっていく。このままでは、日本経済の沈没は避けられないでしょう。

この危機を乗り越えるには、インフレに合わせて賃金を上げ続けるしかない。企業は30年後、今の2倍の給料が払える体質にならねばならないのです。

賢明な経営者が育ち、賃金を2倍に引き上げられるようなビジネスモデルを構築できなければ、日本の未来は危険であると私は考えています。そのためには、おそらく今後も学校では教えないであろう経営のノウハウやビジネスで成功する方法を教える必要があります。「令和の志士を育てる」。私はそれを実現したいと考えているのです。

そこで私は、ＹｏｕＴｕｂｅやＳＮＳなどを通じて、実践的な経営ノウハウを無料で発信しています。学校では教えてくれない生きた知識を若者に届けるためです。「志高き経営者」を増やし、次々とイノベーティブな企業を生み出す。一人では無理でも、１００人、１０００人と志を同じくするリーダーが集まれば、日本の未来は必ず変えられる。そんな未来を信じて、私はＳＮＳやＹｏｕＴｕｂｅチャンネルも始めました。

メディア活動も同様です。ｉＵ（情報経営イノベーション専門職大学）での経営者育成講座も開始しました。これらの活動を通じて若者たちに情報発信を続けています。リーダーは社内外に情報を発信すべきです。ＳＮＳや動画の時代です。それらを有効活用する企業が今後伸びていくと思っています。

同時に私自身も、１００の新規事業立ち上げを目標に掲げています。ＡＩをはじめとする先端分野で、志ある経営者とタッグを組み、イノベーションを加速させる。生産性を飛躍的に高め、労働者の給与を2倍に跳ね上げる。そんな企業群をこの手でつくり上げたいと思っています。

私はすでに１００億円の会社をつくることに成功しました。なので１００億円の事業はつくれる自信があります。１００億円の事業を１００立ち上げたら、１兆円です。このＣＢＴビジネスだけで1兆円を達成することは難しいけれど、１００億円のビジネスを他にもつくることなら可能です。１社で行うのではなく、私たちのＩＴの力、サポート力、経営資金・ノウハウなどを含めた形で、グループで取り組んだほうが成功する確率は格段に上がるでしょう。そのような形で、新たに１００社をつくるチャレンジをしたいと考えています。経営ノウハウ、資金、アイデアはすべてそろっているので、あとは情熱と能力を持った社長が必要です。逃げずに、ブレずに、しっかりと走り切ってくれる、人生を懸けてくれる、志を持った社長が集まってくれたら、私たちがその社長を成功させるべく支援します。

今後の日本におけるビジネスを考えたとき、ＡＩは非常に重要な事業になっていきます。年々人口が減少していく日本では、労働力に頼ることができません。賃金を上げるにしても、１人で2倍稼ぐために2倍働くというのは、現実的ではないでしょう。

ワーク・ライフ・バランスへの配慮もますます必要となってきています。そのうちきっと、週休3日が始まるでしょう。そう考えると、働かなくても2倍稼げるビジネスをつくらなければならない。そのためには、ＡＩやロボットを活用するほかに方法はありません。

ＡＩやロボットに仕事を奪われることを懸念している人たちがいますが、実は逆です。ＡＩやロボットが仕事を担ってくれなければ日本は沈没してしまうのです。

いまこそ変革が必要です。そのためには、ＡＩやロボットで古いビジネスから仕事を奪っていくことも必要なことで、実際にどんどん奪っていきたいと考えています。そうした事業で収益を上げ、１人で2倍以上稼げるような事業を世の中にたくさんつくっていきたいと考えています。

しかし、だからといって人間が不要になるわけではありません。新たな事業を編み出す人間、ＡＩやロボットをうまく使って稼ぐ仕組みを考える人間が必要なのです。コンピューターは自立していないため、言われたことしかできませんから。

たとえ30年後にインフレで物価が2倍になっていたとしても、2倍の賃金がもらえる。そのような事業を立ち上げる経営者を育てることをめざすべきだと考えています。

夢ではなく「志」を持て

私が若い世代に伝えたいのは、夢ではなく「志」を持つことの重要性です。

「夢」は自分の幸せを追求することですが、「志」とは社会を良くすること、社会貢献をすることです。

現在の日本は、少子高齢化や経済的な課題に直面しています。この状況を打開するためには、一人ひとりが自分のことだけでなく、社会全体のことを考え、行動することが必要不可欠です。

かつての明治維新の志士のように、国のために尽くす「令和の志士」が求められています。強い者は弱い者を守り、支えていかなければなりません。真面目に働き、稼ぎ、税金を納めることで社会を支える必要があるのです。

メディアもまた、真面目に働く人々の価値を伝え、がんばる人間を「格好いい」と思えるような文化をつくることが重要です。

若者には、自分を信じ、努力を惜しまず、成功するまであきらめないでほしいと思います。成功は決して偶然ではありません。常に手を伸ばし続け、チャンスをつかんだ者だけが成功をその手におさめます。それは、自分を信じ、努力し続けた者にしか訪れない機会なのです。

現代は、ＳＮＳやＹｏｕＴｕｂｅを通じて自分の思いを発信できる時代です。自分と同じ志を持つ仲間や、支援してくれる人々を見つけることもできます。また、情報が豊富にあるからこそ、良い会社や適切な道を選ぶことができるでしょう。

幸せな人生とは、必ずしも経営者になることではありません。いい会社に入り、いい社員として活躍し、社会に貢献することも立派な人生です。重要なのは、自分の人生に志を持ってその実現に向けて努力することです。

だからこそ若者には、嘆くのではなく、勉強し、知識をつけ、世の中を正しく渡っていってほしいと思います。そして、成功し、最後には志を持って社会に貢献する人生を歩んでほしいと願っています。

この文章があなたの人生を変えるきっかけになることを願います。

［挑戦5］

「世界一変わった会社」を創る

西崎康平

KOHEI NISHIZAKI

代表取締役
最高経営責任者

1982年、福岡市生まれ。新卒で人材コンサルティング会社に入社。2010年、トゥモローゲート株式会社を設立。YouTubeのチャンネル登録者数は約19万人、Xのフォロワー数は11万人以上（2024年6月時点）。

challenge 05

COMPANY
トゥモローゲート株式会社

「仕事なんてつまらない」、そんな退屈な世界を真っ黒に塗りつぶす、大阪で一番変な会社。ブラック企業ではないブラック〝な〟企業。

ブラック企業ではなく、ブラック〝な〟企業

はじめまして。ブラックな社長、西崎康平です。

ブラックといってもブラック企業ではなく、当社のコーポレートカラーを表しています。赤、青、緑と、いろんな色を混ぜ合わせれば「黒」になる絵の具のように、たくさんのカラーが混ざり合った個性あふれる会社にしたい。さまざまな仲間たちとともに、多様な発想が混ざり合うことで、これまでの常識にとらわれない組織をつくりたい。そんな想いが込められています。

2010年4月、僕は、事業内容も決めず「世界一変わった会社を創る」という大きなビジョンだけを掲げて、トゥモローゲートを創業しました。

起業当時から大切にしてきたのは「好きなことを、好きなひとと、好きなようにやる」こと。この想いを追求し、現在は「世界一変わった会社で、世界一変わった社員と、世界一変わった仕事を創る。」というビジョンのもと、「ブラック〝な〟企業」を経営し、世の中の会社の「企業ブランディング」のお手伝いをしています。

ブランディングといえば、Webサイトやパンフレットなど「目に見える部分のデザイ

ンを良くすること」だと思われがちです。けれども、それだけでは強いブランドはつくれないというのが僕たちの考えです。

だから、トゥモローゲートでは、いきなりデザインに着手することはありません。トゥモローゲートでは「ブランド＝約束」と定義しています。ターゲットである、顧客や求職者、社員に対して、その会社が「絶対に裏切らない約束」を体験してもらうこと。つまり「信頼」や「絆」の積み重ねがブランドをつくると考えています。

そのため、当社では目に見えるデザインだけではなく、企業の想いを言葉にした「経営理念」から一緒に考えていきます。デザインはもちろん、会社の在り方まで一貫した形に落とし込んでいくのです。

企業が創業したときの想いや原体験＝「なんのために（ＷＨＹ）」から、企業のあるべき姿を導き出し、「どのように（ＨＯＷ）」や「なにを（ＷＨＡＴ）」を定め、企業それぞれのストーリーを設計することで、芯のある企業ブランドの構築をめざしています。

会社の想いを起点とした本質的なブランドづくり。それこそが僕たちの考える「オモシロイ会社づくり」です。

ブラックな企業の仕事は「オモシロイ会社づくり」

せっかくなので、少し事例をご紹介します。

2019年、トゥモローゲートはとある八百屋と出会いました。当時、その会社は採用、離職に課題を抱えていました。「大学を卒業して、八百屋で働こうと思ってくれる学生は少ない」というのが、大きな原因でした。

ところがヒアリングをしていると、在籍している社員はみんな、八百屋という仕事に対して、おもしろさや魅力を感じていることがわかりました。「八百屋はシンプルな商売。自分たちで仕入れて、売るという単純な仕組み」「でも、人は食べないと生きられない。いわば、八百屋は小売りのど真ん中だ」「そのシンプルな商いに、僕たちの想いを乗せていきたい」「毎日変化のある商品とお客様の笑顔を見続けたい」……

その想いや誇りを体現し、伝えていくことはできないか。そこで、僕たちは会社経営の肝ともいえる経営理念の構築から入っていくことに決めました。まずは代表が会社を創設した背景や想いなど「原体験」をヒアリングするため、1回3時間に及ぶ打ち合わせを15回ほど実施。約半年かけて経営理念を言語化する「ビジョンマップ」を作成しました。

そうして生まれた「八百屋を、日本一かっこよく。」というビジョンを掲げ、リブランディングを行いました。企業ロゴ、Ｗｅｂサイト、採用サイト、採用動画といった目に見えるものはもちろん、人事評価まで、社内外に向けた多角的な施策を展開しました。

その結果、３年間で従業員数は１・５倍に増加しました。並行して、売り上げも20億円から40億円へ倍増し、社員１人当たりの生産性も向上。会社の成長に大きく貢献することができました。

リブランディングで大切なのが、単に見た目をよくするのではなく、企業の魅力を引き出し、まずはそれを理念に落とし込んでいくことです。これが売り上げ・採用・社員の定着につながり、最終的には会社の濃いファンづくりに直結していきます。

このような取り組みを評価いただき、国際的なＷｅｂデザイン・開発アワード「ＣＳＳ Ｄｅｓｉｇｎ Ａｗａｒｄｓ」で「ＳＰＥＣＩＡＬ ＫＵＤＯＳ（特別賞）」、一般社団法人日本ＢtoＢ広告協会が１９８０年から開催している「日本ＢtoＢ広告賞」では「金賞」を受賞。さらに最近では、新聞社が主催する広告賞のなかでも最も長い歴史を誇る、毎日新聞社主催「毎日広告デザイン賞」を受賞しました。

創業から14年間でブランドづくりをサポートさせていただいた会社は、全国に３００社以上あります。社員は50人規模まで増え、大阪のトレンドの発信地「アメリカ村」の中心に200坪を超えるオフィスを構えられるほどに会社は成長しました。新規事業のリリースや書籍出版など、創業当初と比べて取り組みの幅も拡大しています。ただし、ここにたどりつくまでの道のりは順風満帆ではなかったし、組織崩壊の危機を迎えたことだってありました。もちろん現在も課題は山積みです。

今回は「なぜ会社を創ったのか?」「ここに至るまでにどんな壁にぶつかり、乗り越えたのか?」「オモシロイ会社を創るためには何が必要なのか?」についてお話しします。会社のブランドを創るためにどのような経験をしてきたのかという僕の経験が、少しでも皆さんの参考になれば幸いです。

成長するにつれて右肩下がりな人生

「なぜ起業しようと決めたのか?」

「いつから起業しようと思っていたのか?」

「やはり、学生時代から準備をしていたのか?」

皆さんからよく聞かれる質問です。おそらく「起業する人=意識が高い人」というイメージが少なからずあるのでしょう。

先に言ってしまうと、僕は決して「意識が高い」タイプではありませんでした。参考までに、僕の半生について綴らせてください。

1982年、僕は福岡市で生まれました。誕生日は4月2日。つまり、同級生の中で一番早く生まれた子どもです。ほかの子どもたちと比較して、体が大きくなるのも、言葉を話すようになるのも、早かったと聞いています。

そのためか、幼稚園、小学校での足の速さはクラスで1番。リレーではいつもアンカーを務めていました。小学校5年生から始めたバスケットボールでは、たった3カ月でキャプテンに抜擢されるまで成長しました。勉強もそつなくこなし、成績も優秀。先生からの信頼も厚く、小学校・中学校ともに生徒会長を担いました。苦手だったのは、水泳くらい。自分で言うのもなんですが、小さいころはとても器用な子どもだったと思います。

「右肩下がり」になりはじめたのは、中学を卒業してからです。高校には推薦で入学したのですが、入学時の学力テストでは238人中236位という結果に(入学後も、クラスの中で最下位をキープしていました)。小学生から続けていたバスケも、バイク事故でけがをしてからはやめてしまいました。

それからは、さらに堕落していきます。

人の道から外れるようなことはしませんでしたが、高校・大学と授業は最低限しか出席せず、授業を抜けて友達とビリヤードをしに出かけたり、ゲームで遊び倒したりする日々でした。

将来の夢はもちろん、目標すらない毎日――。そんな怠惰な学生生活も終盤に差しかかった大学3年生の秋ごろ、周囲は就職活動に向けて一気に舵を切りました。親のすねをかじって生きていくわけにもいかないので、仕方なく僕も就活を始めました。

起業のきっかけは「ワガママな性格」

しかし、就活情報サイトにざっと目を通すだけで、僕は落胆しました。当時、世間知らずの僕からするとオモシロくなさそうな会社ばかりだったのです。

社会に出たいまなら、世の中には「仕事はつまらない」といった一般的なイメージとは180度違う、ワクワクする会社も中にはあることを知っています。でも、そのころの僕からすると、すべての会社が同じように見えてしまったんです。

「きっと僕は、この無数にある会社の中から『知っている』という理由だけで、会社を選ぶのだろう」

「そこそこ有名な会社には、なんとか入れるかもしれない」

「けれども、その後は毎日満員電車に揺られ、決まった時間に出社し、苦手な上司から怒られ、嫌なお客様にも頭を下げる日々を過ごすのだろう……」

そう思った僕は、パソコンの画面を閉じ、就活を終了させてしまいました。5分ほどの就職活動でした。せっかく仕事をするなら好きな服を着て出社したいし、好きな時間に会社に行きたい。嫌なお客様や上司と働くなんてまっぴらごめん。つまり、とてもワガママな性格だったということです。

だったら、これまでの既成概念に縛られない「ワクワクする会社」を自分で立ち上げよう。嫌なお客様とは取引はしないし、定時も決まってない。好きな服を着て出社していいし、年齢に関係なく成果で給与が決まる。そんなオモシロイ会社を創りたい。僕の頭に「起業」という言葉が浮かんだ瞬間でした。

最終的に、大学4年生の秋ごろから、僕は再び就活をスタートさせました。起業に必要なスキルを身につけるため、いったん会社に入って勉強をしようと思ったのです。大学4

年生の秋という、遅すぎる就活再開だったので、僕は起業家が多く輩出している人材コンサル系の企業に片っ端から電話をかけました。20社ほど電話をし、幸い、そのうちの1社から内定をもらうことができました。

こうして滑り込みで就職を決めた僕ですが、そこでは、考えもしなかった出来事が待ち受けていました。

23歳、新卒1年目でうつ病に

「西崎くん、一度、病院に行ったほうがいいよ」

こんなふうに会社の先輩に声をかけられたのは、入社1年目、季節が秋に変わり始めたころでした。

当時、僕はいままでに体験したことのない身体の不調が続いていました。朝起きると、まぶたがとにかく重い。物忘れが激しく、クライアントに行く際に企画書を持参するのを忘れたり、打ち合わせをすっぽかしたりすることもありました。冗談のような本当の話ですが、打ち合わせに出かけるときに、カバンを丸ごと自社に置き忘れることもありました。周りの人とうまくコミュニケーションがとれず、言葉を振り絞っても「はい」や「いいえ」

といった返事しかできない状態。こんな僕の様子を見て心配した先輩が病院の受診を勧めてくれたのです。

診断結果は、うつ病でした。僕は、1週間の休みをもらいました。

まさか自分がうつ病だなんて思いもしなかったので、この結果には正直、驚きました。ただ、いま振り返ると、当時は「仕事もできないし、人生も面白くない」と本気で感じていたので、相当まずいところまで進行していたのでしょう。

会社の人は「出社できるときに、来てくれたらいいよ」と声をかけてくれました。そんな僕に対して、周囲はとても優しかったのをよく覚えています。朝はゆっくり出社し、夜も早めに帰らせてもらうなどして、ちょっとずつケアしていきました。

どうしてうつ病になったのか。要因はいろいろありますが、一つは、人と自分を比べすぎていたことにあると思っています。

入社当時、新入社員に任せられていた仕事は、テレアポでした。新入社員1人あたり「200本電話をかける」というノルマがありましたが、僕はこれがうまくできませんでした。電話口で「お前ら！　かけてくるなと何回も言っているだろう！」と怒鳴られたり、「ガチャン！」と、わざと大きな音が出るようにして電話を切られたりすることもしょっちゅうで、怖気づいてしまったのです。

一方で、周囲を見渡すと、怖気づくどころか、200本、300本と電話をかけている新入社員もいました。対して、僕はせいぜい100本程度です。〝打席〟に立つ数が圧倒的に多い彼らは、自然と〝得点〟も上げていきました。彼らなりの成功法則を導き出し、電話をかけた相手に「間に合っているので、結構です」と断られても「何が間に合っているのですか？」「いつごろであれば、お話を聞いてくれるのですか？」とどんどん攻め込んでいました。

そんな同僚たちを見て「成績のいい同期は一日に4、5件アポイントを獲得しているのに、自分は……」と、どんどん落ち込んでいきました。自身を卑下すればするほど自信がなくなり、そうした不安げな態度がお客様にも伝わり、結果、成績も上がらない。まさに負のスパイラルでした。

うつ病とわかってからは、僕は人と自分を比べるのをやめました。「僕は僕のペースで進めばいい」。そんなふうに思うようになりました。たとえば、同期が4、5件アポイントを取っているから「僕も同じくらいになろう」とか「1件だけでも取ろう」とかそういうのではなくて、「昨日、僕は電話を50本かけた」「それなら、今日は51本をめざそう」と、比較の対象をあくまで過去の自分に限定したのです。並行して、終業後も先輩に営業ロールプレイングに付き合ってもらったり、成績優秀な先輩のトークを録音して会社の行き帰りの電車の中で聴いたりして、勉強を続けました。

些細なことではありますが、昨日より今日、今日より明日と、少しずつできることが重なっていくだけで、小さな自信がつくようになりました。そうして自信がついてくると、病状も少しずつ回復すると同時に、今度は電話での営業トークにもハリが出るようになっていきました。すると、不思議なくらいアポイントも取れるようになりました。アポイントを獲得するに従って、契約が成立する件数も増えていきました。

気がつけば、1年目は売り上げゼロ円だった僕が、2年目には約5000万円の売り上げができ、大阪支社長を任せてもらうまでに至りました。このころには、うつ病からもすっかり立ち直ることができていました。

起業後、組織崩壊の壁に直面

こうして、新卒で入った人材コンサルティング会社で、さまざまなスキルを学ばせてもらいました。5年間勤めた後に退職を決意し、27歳最後の日にトゥモローゲートを創業しました。

最初は、家賃7万円・築35年の雑居ビルからのスタートでした。先述の通り、ビジネスモデルも特になく、ただ「世界一変わった会社を創りたい」という想いだけで会社を立ち上げました。

起業してから今日までも、決して平坦な道のりではありませんでした。事業がようやく軌道に乗りはじめたのは、前職時代の経験を生かして、企業の採用ツールを専門に企画制作する採用ブランディング事業を始めたころです。主に採用サイトや採用パンフレットなどをデザイン・制作していました。

ですが、売上高や従業員数は少しずつ伸び、手応えを感じていたころ、当社を利用しているクライアントからこんな話を耳にしました。

「あぁ、去年、採用した男性？　もう、やめちゃいましたよ」

しかも、こういった話を聞くのは、1社や2社ではありませんでした。

クライアントからは、クレームなどは特にない。一度ご発注いただいた後のリピート率も高い水準を維持している。しかし、クライアントが当社の採用ブランディングで採った人材が、数年、ひどいときには1年未満で退職してしまう……なぜだろう？

答えは簡単です。

採用ブランディングによって「見かけ」だけをよくしてしまっているということが原因でした。たとえば、求人広告で「挑戦できる社風です」とＰＲしているのにもかかわらず、いざ会社に入社したら、新しい企画を出しても全然通らない。社内の人は保守的で、何一つ挑戦している雰囲気はない……といった具合です。

同時に、当時、従業員数10人程度に成長していたトゥモローゲート内でも、不協和音が生じていました。端的に言うと、社員と僕の価値観がズレ始めていたのです。

社員が増えるまでは、クライアントのところへ行く際は必ず僕も同行し、社員と一緒になってプロジェクトを進行していました。その際、企画書や見積書などの書類関係についても、すべてチェックしていました。毎日、誰かしらとご飯を食べに行ったり、飲みに行ったりもしていたので、「あうんの呼吸」のように、僕の価値観や判断基準がそれとなく社員に伝わっていたのです。

けれども、人数が増えるにつれて、従業員一人ひとりと仕事でかかわる物理的な時間が減っていきました。結果、僕が何を考えているのか、どんな会社をつくろうとしているのかが共有できない状態になっていったのです。たとえば「オモシロイ」という言葉一つとっても、心を震わせるような映画を「オモシロイ」と言う人もいれば、お笑いネタのようなものを「オモシロイ」と考える人がいます。

会社としては当時から「オモシロイことをやっていこうぜ」というスタンスでした。そのため、社員は、自分が考えるさまざまなオモシロイ企画を提案してくれました。しかし、僕の判断基準に合わないものは、却下していました。社員からすると「オモシロイことをしようと言っているのに、めちゃくちゃ笑いがとれるこの企画は、どうして採用されないの?」。そんな状態です。

そして2017年、トゥモローゲートで初めての退職者が出てしまいました。その後しばらくして、また1人、会社を去っていきました。

社員はみんな気のいい仲間ばかりだったので、表立っては誰も不平を口にはしません。けれども、彼・彼女たちに不満がどんどんたまっているのを、僕はひしひしと感じていました。このままではまずい。

会社を立て直すために、僕は役員を集めて「合宿」をしようと思い立ちました。集まって何をするのかは特に決めていなかったのですが、過去にどこかの社長が「困ったときは、とりあえず合宿!」と言っていたのを思い出したのです。藁にもすがる思いで、合宿の準備を進めていきました。

ビジョンマップ誕生、会社拡大へ

2018年9月、1泊2日で向かったのは大阪・南港。インターネットで「合宿　企業格安」と検索して、見つけた研修施設でした。

当日は僕と制作担当役員、営業担当役員の3人が集まりました。朝9時から大人3人が施設の会議室で膝を突き合わせ、合宿がスタートしました。最初に行ったのは、お互いの自己紹介からでした。

制作担当役員はトゥモローゲートを設立して約3年後の2013年に入社しました。初めて出会ってから、合宿を開催した2018年まで約5年の付き合いがありました。営業担当役員は2016年に入社していて、僕の弟でもあります。一人は5年以上の付き合いで、もう一人は家族。付き合いはそこそこ長いのに、なぜあらためて自己紹介なのか。

理由は、会議室で顔を合わせたとき「そもそも、僕たちはお互いの仕事に対する考え方や価値観について、よく知らんよね」となったからです。そこで、生まれてから今日に至るまでの経緯を、まずは紹介し合うことにしました。仕事の話はもちろん、過去のうれしかったこと、悲しかったこと。恋愛の話や恥ずかしい失敗、悪いことをした話などを、午前中いっぱい時間をかけて、互いにじっくり話していきました。

お昼の休憩をはさんだ午後、今度は役員の2人から「社長はなぜ会社を立ち上げようと思ったのですか?」と質問されました。そこで僕はあらためて、人生は一回きりであるということ、それならば、誰もが見たことがないような、オモシロイこと、ワクワクすることに挑戦したいという想いを伝えました。

その後は、トゥモローゲートで「やりたいこと」「やりたくないこと」を1個、10個、100個と、思いつくままにそれぞれが紙に書き出していきました。「好きな人と仕事をしたい」「気持ちのいい挨拶ができる会社でありたい」「価格で決めるクライアントの仕事はしたくない」――。書き終えたら、今度はそれらをみんなで持ち寄って、共通する項目を分類していきました。

すると、表現の仕方はそれぞれ違っても、方向性は同じであることがわかりました。それからは、たくさんの「やりたいこと」の中から優先したいものを決めていき、「自分たちの仕事に誇りを持とう」「素直に謙虚に大胆に攻めよう」「仲間を愛し家族を大切にしよう」など、いま、トゥモローゲートのバリュー(行動基準)となっている12項目が決まりました。

続いて、あらゆる企画やアイデアに対して「GO」なのか「NO」なのか、判断する基準を決めていきました。まずは「トゥモローゲートらしさって何だろう?」をテーマに意見を交わしました。

「前例のない挑戦をしているのは、トゥモローゲートっぽいよね」

「感動したり、涙を流したりできると、トゥモローゲートっぽいよね」

「でも、変なことばかりやっていてはダメだよね」

「この軸とは別に、判断基準を設けるには何かが必要だよね」

「トゥモローゲートらしい企画を通して、何らかの成果につなげることじゃない?」

こうして生まれたのが、トゥモローゲートが考える『オモシロイ』の方程式」です。

当時のものをブラッシュアップした、2024年現在のものをご紹介しましょう。

①ささる　×　②あがる　＝　③ひらく

①心に突き刺さる（今までにない／気づきがある／驚きをあたえる／感動する／共感する／映える／憧れられる／笑顔があふれる）

②定量的な成果が上がる（アクションが上がる／アベレージが上がる／クオリティが上がる／パフォーマンスが上がる／スピードが上がる／エンゲージメントが上がる／ファンが増える／ソーシャルグッド）

③①と②をそれぞれ3項目以上満たす

トゥモローゲートが考える「オモシロイ」とは何なのか。その判断基準を可視化できた瞬間でした。

採用ブランディングから「企業ブランディング」へ

ビジョンマップをきっかけに、デザインなどの外見で企業を変えていく採用ブランディング事業から、中身から企業を変えていく「企業ブランディング事業」に事業を転換することになりました。このビジョンマップがトゥモローゲートを大きく変化させたといっても過言ではありません。

ビジョンマップができたことで会社がめざす方向性、そのためにやるべき施策が明確になりました。「オモシロイ会社」をめざして、それを実現するために八つのオモシロイ項目を設定しました。それぞれの項目を実現するために、どのようなことをすべきかなどの具体的なアクションを決め、実際に行動に移しています。これにより、社内の不協和音が生じていたころからは社内の状況も大きく変わり、すべての施策に対して「なぜ、その施策に取り組むのか」という、意図を持ったうえで進められるようになりました。

①サービスがオモシロイ（ビジネスモデル）
②クリエイティブがオモシロイ（企画・制作力）
③社員から見てオモシロイ（やりがい・体制）
④求職者から見てオモシロイ（制度・スタイル）
⑤世の中から見てオモシロイ（社会貢献・特徴）
⑥オフィスがオモシロイ（職場環境）
⑦メンバーがオモシロイ（働く社員）
⑧社長がオモシロイ（経営者）

しかし、一番変わったのは僕自身かもしれません。

会社の判断軸が明確になったことで、以前は僕がすべての企画書に目を通しお客様の訪問にも同行していましたが、それらを完全に任せられるようになりました。

これは判断基準が言語化されたからこそ、社員全員が僕と同じ基準で判断できるような仕組みになったからです。任せることで、僕に時間の余裕が生まれ、さらなるオモシロイ取り組みを考えることに労力を割けるようになりました。

まずは「大阪で一番オモシロイ会社」をめざして

そんな僕たちがいま、2025年までにめざしているのは「大阪で一番オモシロイ会社」になることです。

そのために現在、当社が取り組んでいる事例を以下で紹介します。

●ケース① ブランド力を可視化するB-SCORE（ビースコア）をリリース

オモシロイ企業の判断基準は数多くあります。

そのなかで、僕たちが考えるオモシロイ企業とは「経営理念を体現する会社であること」です。会社の大切にするミッションやビジョンに向けた経営判断に社員が共感し、実行している会社こそブランド力の強い会社であると考えています。

トゥモローゲートでは、この観点に基づき2024年6月に企業のブランド力を数値として可視化する「B-SCORE」をリリースしました。これは「ブランドターゲットである顧客や求職者や社員から、対象企業がどれだけ愛されているか」「どれだけ濃いファンがいるか」といった、これまで可視化しにくかった企業の「ブランド力」を見える化するサービスです。

単純に外面だけがよい企業のスコアが上がることはありません。会社の理念がどれだけ明確であるか、そこに社員たちの想いがつながっているか、さらにはその理念を実行できているか、この三つの軸が強い会社であればあるほどスコアが高くなります。

オモシロイ会社をめざすために、オモシロイ会社であるかどうかを見分けるサービスです。私たちはこのB-SCOREを使って自社をオモシロくするだけではなく、オモシロイ会社を増やすことにも力を注いでいきます。

●ケース② 一流料理人を専属シェフとして採用

2023年、X（旧Twitter）経由でシェフを採用しました。当社の従業員がX上で求人の告知を行った際、シェフの彼が「料理人は募集していますか？（笑）」と、半ば冗談でリプライをくれたことがきっかけです。

興味本位で彼のアカウントをのぞいてみると、独創的な料理を手がけていて、見ているだけで、とてもワクワクさせられました。そのため、僕から「一度お会いしてみませんか」と連絡したんです。当然、彼はかなり驚いていました。「トゥモローゲートは飲食業を始めるんですか?」と。そのような予定はなかったので「いいえ、そのつもりはありません」と返すと、彼から「どういうことですか?」と返事をもらったので「どういうことができるかも含めて、一度会って考えてみませんか」と伝えたんです。まさか、本当に採用につながるとは、思っていなかったのですが。

彼は辻調理師専門学校を卒業後、ザ・リッツ・カールトン大阪で2年間修業して渡仏し、フランスにある日本総領事館で公邸料理人を務めた実力の持ち主です。帰国後は、フリーランスとして全国を旅しながら料理を作るという、一風変わった経歴も印象的でした。

総領事などの公邸は、外交活動を実施する重要な場所です。相手国の要人や各国の外交官、日本から訪れる賓客をもてなす必要があります。そして、公邸料理人は、そういったお客様を会食で楽しませるという、大切な役割を担っています。そのため、公邸料理人は和食や洋食はもちろんのこと、さまざまな国の料理をつくることが求められます。

そういった経験を重ねることで培われてきた、彼の常識にとらわれない料理は、まさに僕たちが志すオモシロイ企業づくりに足りないピースを埋めてくれました。これまでの知見を生かし、無料の社員食堂の運営やクライアント向けディナーなどを企画してくれています。これは彼のポリシーなのですが、これまで一度たりとも同じメニューが登場したことはありません。彼が提案してくれたケータリング事業では、ブランディング事業と掛け合わせ「顧客の経営理念を表現した料理」を提供しています。クライアントの社内懇親会などで、経営理念を表現した料理をふるまうことで理念浸透を図っています。

●ケース③　小学生向けのインターンシップを実施

当社では、小学校3年生以上を対象に、営業やデザイナーなどの仕事を体験できる「こどもインターンシップ」を開催しています。2024年からは、当社のオフィスで、月1回・計8回にわたってビジネスを学び、最後にはビジネスコンテストを実施するプログラム「子どもビジネススクール」もスタートしました。

一般的に、インターンに参加できるのは大学生からですが、もっと早い段階から仕事体験をする機会があってもいいと思っています。なぜなら、僕自身もっと早くにそういう体験をしていたかったからです。

先述のように、僕も、過去に有名企業かどうかで会社を選びそうになったことがありました。また、高校受験や大学受験にしても、やりたいことや個人のビジョンに関係なく、偏差値で学校を選ぶことが多いのではないでしょうか。

トゥモローゲートはそんなキャリア教育に一石を投じたいと考えています。

僕の周囲の経営者からは「小学生にインターンをするなんて、時期尚早だよ」なんて言われます。ですが、これから毎年インターンを続ければ、10年後、20年後にその子たちが就職活動をする際に、当社が「入りたい会社」の候補の一つになるかもしれません。何より、インターンを通じて「仕事がワクワクするもの」だと知ってもらえたらうれしい。

ここまで挙げた事例のほかにも、退職者に「会社の嫌なところをまとめたブログ」を書いてもらったり、社員たちが仕事に集中できないことを懸念して「ワールドカップ休暇」を導入してみたりと、いろいろなことを試しています。

現在の経営課題「新たに生まれた50人の壁」

ビジョンマップをつくってからの当社は、従業員数が50人規模にまで増え、売上高も順調に上がってきました。

しかし、まさにいま、多くのベンチャー・スタートアップ企業が直面する、いわゆる

「50人の壁」にぶち当たっています。

具体的に言うと、2023年は過去最多の7人の退職者が出ました。理由は、いろいろあると思っています。ブランディングという大きな経営課題を解決するために、年を追うごとに業務の幅が広がっている。それに伴い、若手の営業活動の難易度が上昇している。顧客から求められる仕事の質が上がり、プレッシャーが大きくなっている。会社のステージが変わっているのに教育体制が追いついていない……。

そして、会社のイメージと実態の乖離です。当社は、社員の6割がデザイナーやコピーライターなどクリエイティブ部門が占めています。営業のウェートは年々下がっているにもかかわらず、第三者から見ると「営業が得意な会社」というイメージから抜け切れていないことも、一つの課題です。当社はSNSでの発信に力を入れているので、その影響が色濃く出ているのでしょう。今後は、イメージのギャップを埋めていくためにも、僕たちが創るクリエイティブで、顧客にどのような変化をもたらせるのかを広く発信していく必要があると考えています。

2024年は新たな挑戦の年です。サービス強化に向けて、ブランディングの成果が目に見えるよう、B-SCOREという初めての自社プロダクトをリリースしたり、より仕事が円滑にやりやすく進むようにコーポレートサイトや営業資料などのリブランディングに取り組んだりしています。また、企業ブランディングだけではなく、スポーツチームや行政などを対象に、ブランディングの支援を加速させたりと、現状の課題をクリアするためにさらなるオモシロイ会社づくりに向けて動いていきます。

冒頭の通り、当社のコーポレートカラーは「ブラック」です。創業当時、僕は「世界一変わった会社を創りたい」という想いで会社を立ち上げました。変わった会社を創るためには、いろんな色（個性）を持ったメンバーを集めないといけない。情熱的な赤の人もいれば、冷静な青の人もいて、それらの色をぐちゃぐちゃに混ぜ合わせると、黒になる——そんな想いを込めて、コーポレートカラーを「黒」に決めたのは、お伝えした通りです。

課題はまだまだ山積みですが、いろんな色の人がいるからこそ、乗り越えていけると思っています。今後もさらなる真っ黒な会社をめざして、社員とともに、まずは目の前の壁を突破していきます。

［挑戦６］

落ちこぼれを救ってくれた水道工事を憧れの業種へ

小澤大悟

DAIGO OZAWA

代表取締役

１９７６年生まれ。１９９４年に石和設備工業に入社後、２０１１年10月に代表取締役に就任。自社敷地内に次世代公衆トイレ「インフラスタンド」を建設するなど、新しいトイレのあり方を発信する。

challenge 06

COMPANY

有限会社
石和設備工業

１９６９（昭和44）年に創業した水道工事会社。２０１９年にトイレを利用したプロモーション事業「ＫＡＷＡＹＡ－ＤＥＳＩＧＮ」をスタートさせる。トイレを起点に人と社会をつなぎ、地元・所沢の価値を向上させる取り組みを行っている。

自社敷地内に公衆トイレをつくる

私が経営する石和設備工業は埼玉県所沢市で水道工事業を営んでいます。私は2021年、水道工事業界のイメージアップをめざして、自社の敷地内に公衆トイレ「インフラスタンド」をつくりました。弊社は所沢駅と航空公園駅をつなぐ道の途中にあるので、散歩する人や通学する学生たちがよく通ります。見た目が一般的な公衆トイレとはまるで違う「インフラスタンド」は快適なトイレであるだけでなく、ふらっと立ち寄れる休憩スペースでもあり、レンタルスペースやシェアサイクルの利用もできる場所です。明るくて清潔なトイレが無料で使えればみんなが安心して集まることができます。

2022年、地域コミュニティの創出を目的に近隣で人気の飲食店や雑貨店などに集まってもらい、マルシェ「KAWAYA市」を始めました。公衆トイレの目の前でです。最初は多くの人が抵抗感を持つのではと心配しましたが、すでに3回開催しています。そんな取り組みに対していろいろな団体から評価されたことはとてもうれしく、励みになる出来事でした。

2023年に地域振興に貢献したとして、関東商工会議所連合会の「ベスト・アクション表彰」を受賞。NPO法人日本トイレ研究所が主催する「日本トイレ大賞2023」ではトイレを通じて地域コミュニティづくりを進めたことが評価され、グランプリを受賞しました。また、これまでにないアイデアや発想で公共空間を活用する実例を応援する「NEXT PUBLIC AWARD 2023」(公共R不動産主催)では優秀賞を受賞しました。受賞が相次いだことで、メディアで取り上げられる機会も増えてきました。

少しずつ知ってもらえるようになった石和設備工業ですが、私が継父から経営を引き継いだとき、会社はつぶれかけていました。

落ちこぼれだった子ども時代

姉1人と弟2人の4人きょうだいの長男として生まれました。長男はしっかり者が多いとも言われますが、私はおっちょこちょい。親が目を離すと転んだり電柱にぶつかったりして、目が離せない子どもだったようです。

小学2年生のとき、両親が離婚しました。

経済的な事情で私と姉は父と暮らすことになりました。父は姉に愛情を注ぐ一方で、できの悪い私には目もくれません。子どもの自分にはどうすることもできないと現実を受け入れるしかありませんでしたが、当時小学5年生だった姉は私のために父や祖母に抗議してくれたことを覚えています。幼少期、姉は私の母親のような存在でした。一生頭が上がりません。

数カ月に一回ぐらい、母と弟2人に会える時間がありました。母はいつもおもちゃを買ってくれました。家の近くまで送ってくれる弟2人と母との別れ際、自宅までの道中（たった30〜40メートルほどですが）はおもちゃを抱えながら姉と号泣しました。

そんな生活も1年ほどで終わりました。母が再婚し、継父が私たちきょうだい4人を引き取ってくれることになったのです。

人より秀でた才能があるわけでもなく、クラスの中で目立つこともなかった小学校時代、友だちのお母さんからほめられたことがありました。女子ばかりの器楽クラブに入っていたのですが、「小澤君は人の目を気にしないでやりたいことを堂々とやれる子ね」と。他人から見た自分の評価って意外なところなんだなと思いました。

中学生になって県立の進学校をめざして入塾テストを受けたら、一番上のクラスになりました。そのとき、姉に「大悟って頭良かったんだね」とほめられました。私が初めて家族に期待された出来事だったかもしれません。ところが、この「誰かに注目される体験」

が私を間違った方向に進めることになるのですから皮肉なものです。

夏休みの間、塾をサボって不良グループと遊ぶようになりました。金髪に太いズボンをはいて虚勢を張るだけで怖かったはずの先生は優しくなり、同級生はやたら私に気を使いだしました。そんなとき、先輩から「生意気だ」という理由でボコボコに殴られました。見せしめのリンチです。「自分はこのままだと本当に悪い世界から抜け出せなくなる」と目が覚めて不良グループから抜けました。

高校に行きたい。そう一念発起して勉強を再開しました。先生、友人たちの助けもあってなんとか高校に通うことはできましたが、再び不良グループと付き合い始めてしまいました。一度ならず二度までも同じ過ちを繰り返してしまったのです。高校も結局は3年生になるタイミングで単位が足りずに中退しました。

詰んだ人生を救った小さな成功体験

学校をやめてブラブラしていると、親類のおじに「これ以上親に迷惑かけるな！　働け！」と諭され、継父が経営する水道工事会社に入社しました。18歳のときです。

社内には40～60代の人しかいません。これまでとはまったく逆の環境です。刺激も目的もなく、仕事とも呼べないことにダラダラと時間を消費して気がつけば7年。考えることをせずに生きてきたしっぺ返しを受ける生き地獄のような日々でした。

なぜこんな思いをしなければいけないんだろう、この先なんのために俺は生きていくんだろう――。当時25歳の私は「自分の人生はもう詰んだ」と思いました。

考えてみれば、先を見ず行き当たりばったりで過ごしてきた当然の報いです。

当時の私は仕事から逃げる癖がついていました。おじから怒鳴られたり、理不尽なことを言われたりするのも、頭の悪かった私には必要な時間だったのかもしれません。

そんな私でも、少しだけ仕事を任される機会に恵まれるようになってきました。仕事をやり遂げると、お客様から「ありがとう」と感謝の言葉をいただくようになったのです。仕事を任されることで水道工事の技術が向上したこともうれしかったのですが、なにより自分の仕事で人に喜んでもらえるという経験は「人の役に立って、お金をもらう」という仕事の楽しさを知るきっかけになりました。

そのころ、私はスノーボードに出合ってのめりこみました。滑ることが好きだったことに加え、私が惹《ひ》かれていった理由は、スノーボードを通して出会う人たちがみんなやりたいことに一生懸命向き合っている魅力的な人たちだったことです。

憧れのスノーボードチームに入り、初めは充実していました。でも、スポンサードされているほどのハイレベルなライダー集団の中に入ってしまうと、自分はチームにとって役に立っているのだろうかという思いが湧いてきました。スノーボードのスキルが高くない自分がどうすればチームに貢献できるのかと悩んでいたのです。

スポンサードされているライダーは来シーズンの契約更新に向けて動画を撮りためていました。その動画を見て、「がんばって努力したら俺のほうがうまく動画を編集できるんじゃないか」と想像するようになりました。

動画編集はいまでこそスマホで簡単にできますが、当時は編集ソフトの操作もまだ難しく、苦手なライダーが多かったのです。「編集にこだわればもっとカッコよくなるのに」という動画を見ているうちに、「この分野ならチームに貢献できる」と確信しました。

そこからは映像コンテストに向けて撮影、寝食を惜しんで動画編集の勉強、実際の編集……と夢中でした。1年目にあるコンテストで入賞すると、ライダーから「動画編集はおまえに任せた」と映像の素材が送られてくるようになり、翌年には発行部数日本一の業界雑誌のビデオコンテストで4位に入賞することができました。

仕事でお客様から感謝されたことで仕事の楽しさを知り、大好きなスノーボードというコミュニティで活躍して人に貢献できた。こうした成功体験で得た自信は、私の人生の転機でした。内にこもらず外へ出ていくことの大切さも身にしみてわかりました。

水道工事を生業にする決意

人並みに人生を楽しめるようになっていた私に試練が訪れました。出社しても仕事がなく、月末には銀行や取引先からの電話が鳴りやまない状態が続き、会社は社員に給料を払えなくなってしまったのです。経理担当の母はお金を借りるために走り回り、銀行、消費者金融、親族や友人、はては闇金にまで手をつけていました。目の前で母が闇金から借りたお金がそのまま自分の給料になる現場を見てきました。そんな異常な事態が会社の日常になってしまっていたのです。

会社は倒産寸前となり、私と弟（のちに専務となる次男）、親類も含めて7人の従業員全員を解雇しました。解雇を告げたのは母でした。長年働いてくれた親方から「お前の親は悪魔だ」と真正面から母親を悪魔呼ばわりされたときはショックでした。

なぜ母に言わせたのだろう。なぜそうなるまでに手を打たなかったのだろう……。私たちきょうだいを引き取って育ててくれた継父への感情が変わったことを覚えています。強いと思っていた親も人であり年をとって弱い人間になるのだと認識しました。

自分には及ばないと思っていた解雇通告を受け、好きな動画編集で食べていくことも考えましたが、未経験の30歳を雇ってくれる会社はありません。このとき、自分が稼げるスキルは12年間たずさわってきた水道工事だけだと腹をくくりました。

会社に一生懸命尽くして耐え忍ぶ母の姿が脳裏に浮かびました。母のためにもなんとかして自分がこの会社を再建しなければ。そう思いました。私は石和設備に舞い込むわずかな仕事を「業務委託」の形で引き受け、水道工事の仕事を続けました。

そしてちょうどそのころ一人の女性に出会い結婚しました。32歳のときです。

震災直後の代表就任。マイナスからの経営

2011年3月、東日本大震災が起きました。

解雇通告から5年間、会社の経営は悪化するばかりでした。相変わらず月末には銀行から返済を催促する電話が鳴りやまず、委託契約した報酬ももらえない状態でした。そんななか震災で経済が停滞し、発災から1カ月で会社の体力は尽きました。もう会社をたたむしかない。継父がついに倒産を決断しました。

そのとき、私は火中の栗を拾う覚悟を決めました。継父に「つぶすのなら私にやらせてください」と言ったのです。

とはいえ、翌月の売り上げ見込み額はほぼゼロにもかかわらず、数カ月前に振り出した手形の支払いが迫って家賃も数カ月未納……。いますぐ、どんな形でも現金が必要な状態でした。待ったなしのマイナスからのスタートです。

やったことのないメッキ工場の配管や遠い現場の工事など、現金になる仕事はなんでも引き受けました。結婚式のご祝儀、子どもの将来のために蓄えていたわずかな貯金も資金繰りに回しました。今にも崩れ落ちそうな会社でしたが、以前から相談相手になってもらっていた商工会議所からの借り入れが実行されるまで持ちこたえればなんとかなると信じて危機を乗り切りました。

こうして6カ月後の2011年10月、正式に代表に就任しました。しかし、本当に大変なのはここからでした。

メンターとの出会いで開けた未来

代表に就任したものの、私は経営のことをなにも知りません。決算書の見方もわからない状態でした。結果がすべての経営の世界で、自分だからこそできることを見つけなければならない。社長の裁量で物事が進む小さな会社の社長は責任が大きい。私は当時、「覚悟を行動で示せ」と自分に言い聞かせていました。

そんなとき、商工会議所の会報誌で税理士の関根威《たけし》先生が書いているコラムを見つけました。初心者にも読みやすく、経営を学びたかった私は毎回コラムをスクラップしていました。

あるとき先生がセミナーを開催すると聞いて、「先生に会える！」と思った私はすぐに参加を申し込みました。当日はもちろん、そのスクラップブックを持参していきました。セミナーを終えた先生をつかまえて、スクラップブックを開き、「先生のファンです！顧問になっていただけませんか」といきなりお願いしてしまいました。切羽詰まっていたんです。不躾《ぶしつけ》なお願いだったにもかかわらず、先生は快く引き受けてくださいました。同時に、最初の指導が飛んできました。

「経営計画書をつくりましょう」

その瞬間、私の頭の中にはたくさんの「?」が浮かんでいました。決算書も読めない私には、先生の言う「経営計画書」がどういうものなのかわからなかったのです。そんな私に先生は「最初は真似するところからでいいから」とご自身の会社の経営計画書のコピーを渡してくださいました。

経営理念も社訓もなく、売り上げ目標も会社の存在意義も考えない環境で働いていた私にとって、このコピーが経営のバイブルとなりました。

先生との出会いですべきことがハッキリしました。今ある資源（ヒト・モノ・カネ）で利益の最大化をめざすということです。先生からの教えを受け、私は粗利益を意識して自社の価値を高く評価してくれる顧客にターゲットを絞りました。そのうえで、最も重要度の高いAランク顧客の期待を超える仕事をするよう心がけました。

ある市の水道局（Aランク顧客）から「消火栓のボルトを数本だけ取り換えてほしい」という依頼がありました。よくよく話を聞くと、消火栓をカバーする保護ボックスは費用が高いためすべてのボルトを替える予算がないというのです。私はとっさに「保護ボックスは再利用すれば予算内ですべてのボルト交換ができます」と提案しました。これが喜ばれて、「これからはボックスも含めて、石和設備に任せるよ」と言っていただきました。これをきっかけに消火栓工事はその後、弊社の定番商品となりました。

顧客の期待の上をいく商品やサービスを提供し続けることで顧客に感動を与え、信頼関係も構築できると知ったのです。

関根先生の教えで私が初めてつくった10年間の経営計画書に「5年で売り上げ倍増、10年で年商1億円、一人当たりの生産性1000万円」と書きました。そして、年商と生産性は7年で達成することができました。

落ちこぼれだった私が倒産寸前の会社をV字回復させることができたのは、「自分を知り、認め、できる人に会いにいって教えを乞《こ》うた」からです。

学歴もなく経営の経験もない私が自己流で考えて結果が出るほど世の中は甘くありません。親を悪魔呼ばわりされ、仲が良かった社員はバラバラになった。経営の失敗が多くの人を不幸にする場を目の当たりにしてきました。自分の家族やこれから会社にかかわる人にあんな思いは二度とさせない。

現実を受け入れて覚悟を持って行動に移す。決してかっこいいものではありませんが、これが私の思う凡人経営の極意です。

衰退していく水道工事業をだまって見ていられない

人口減少による働き手不足が問題になっている日本で、建設業、なかでも私たち水道工事の仕事は3Kと言われ、とくに敬遠されている職種です。上下水道は生活にとって不可欠なライフラインで重要性は言うまでもありません。私たちに求められるのは手早く修理することや図面通りに配管することで、オリジナリティやクリエイティビティは求められません。

しかし、実際の現場で配管工は創意工夫を繰り返しています。メカニカルな配管は私の目には作品に映ります。本当はかっこいい仕事であることを世間に知ってもらいたい。このままではいつまでたっても水道工事業界の魅力は世間に伝わらない。なにより、若い人たちに魅力的な仕事でなければ、業界はどんどん衰退してしまいます。

労働供給は2027年ごろから急激に減少局面に入ると言われています。本格的な人手不足はこれからなのです。

会社の経営が安定したいま、会社を譲渡しないかという話が舞い込んできます。会社を売却して自分たちが年をとっても食べていけるだけの仕事にシフトすることは簡単です。でも、私はそんな話には乗りません。どん底の私を救ってくれた水道工事の仕事が衰退していくのを、指をくわえて見ているだけでいいのか。それは違うだろうと考えるからです。これは、この仕事にかかわった私の使命だと思っています。

「かっこいい水道屋、日本一をめざします」

水道の仕事しか知らない私が最初にとった行動は「かっこいい水道屋、日本一をめざします」と周囲に公言することでした。

初めての経営計画書には数値目標を掲げる一方で、具体的な行動計画は書いていませんでした。当時の私には「書けなかった」というのが実情です。目標達成に向けて考えて数字を追うことはできたので、今回も「難しく考えずにまず動く。動きながら考える」ことにしました。「口に出す→目標に向けて思考する→行動に移す」の繰り返しです。

かっこいい仕事をかっこよく見せる。まずは身だしなみを整えることから始めました。都内の百貨店でアパレルブランドの店長をしていた妻に相談し、機能面とデザイン面を考慮したユニホームを選んでもらいました。ロゴは有名なサインペインターさんに依頼して作ってもらいました。身だしなみを整えることは、これから会うお客様に対する敬意の表れだと思います。ヘルメットをかぶる仕事のときでも朝の出社時には髪を整えます。若手社員には整髪料の支給も行っています。簡単にできることから始めて、口に出した思いをカタチにして社員みんなで実感していくことで次の段階へ進みました。

それが社屋のリノベーションです。

当時の売上比率は、一般住宅の修理や改修工事が30％、ゼネコンの下請け工事が20％、公共発注の工事が50％でした。短期で見たら利益が出る仕事を維持することを第一優先にしますが、中長期で見た場合には少し事情が変わります。

資金的に余力ができたいま、与えられた仕事をこなす以外に、水道工事会社が主体的にエンドユーザーにかかわる方向にもウイングを広げていこうと考えました。それが水道工事会社の魅力を伝える取り組みにつながると思ったからです。

具体的にいうと、市役所や工務店の設計図面通りに配管するという私たちの主業務だけでなく、水回りの修理という商品を入り口にして個人住宅や店舗のリノベーションの仕事ができるようになりたいと考えたのです。

でも、ただ個人住宅や店舗の仕事を引き受けたいといっても、地域の人は街のどこに水道工事会社があるのか知りません。それなら、新社屋は多くの人たちに親しまれ、地域の人が集まってくるような場所になる必要があると考えました。

社屋のリノベーションは、知り合いの工務店に発注しました。企画設計から材料の選定まで積極的にかかわりました。自分たちが依頼主になれば、リノベを依頼するお客様の思いをリアルに知ることができると考えたからです。

そして2018年に新社屋が完成しました。

すると、「ここ、カフェじゃないんですか?」と、会社の前を通りかかった人々がドアを開けて入ってくるのです。それも一人や二人ではない。毎朝通る人々が、なにをしている店なのか興味津々の様子で建物をのぞいている。その方たちと少しでも交流を持ち弊社を知ってもらおうと、翌年には社屋前で人気のお菓子屋さんや雑貨屋さんに来てもらってイベントを開催しました。当日は天気も良く、入り口に置いたポップコーンマシンから漂う香りにつられてさまざまな人が立ち寄ってくれました。

イベントに来た地域の人たちに、水道工事のことやリフォームのことなどを話してみると興味を持って聞いてもらえました。実際に、このイベントをきっかけに住宅の1階部分をすべてリノベーションする工事を受注しました。とてもうれしかったです。

水道屋の聖域・トイレでブランド立ち上げ

弊社の問い合わせ件数では水回りの困りごとが断然トップです。なかでもトイレの相談が一番多い。建設業界にはたくさんの業種がありますが、私は、トイレは水道工事会社の聖域だと思っています。

建売住宅も注文住宅も水回りの設備器具は工務店が水道工事会社に支給します。ところがトイレだけは設備器具の販売と施工をセットで請け負うことが多いのです。困りごとが多いうえ、販売と施工がセットになるトイレは、普段は目に見えない下部構造（インフラ）を担う水道工事会社にとって花形の事業になる可能性があります。

かっこいい水道屋、日本一をめざすと掲げた私の「次の一手」はトイレを前面に出したプロモーション事業でした。

トイレについて知る機会を増やせば、もっと多くの人に水道工事の仕事を知ってもらうきっかけになるし、下請け作業がメインの水道工事会社が主体的に仕事を創る取り組みは業界の常識を変える可能性があります。一点突破の覚悟で挑みました。

ブランド名は「KAWAYA－DESIGN」。厠《かわや》（トイレ）デザインです。

まずは地元・所沢の飲食店を中心に営業していきました。仕事柄水回りのメンテナンスで飲食店の厨房に立ち入る機会が多いので感じていたことがあります。それは厨房がキレイなお店はトイレがキレイだということ。店主のお客様に対する姿勢がトイレに表れているのです。いわばお客様とお店との無言の交流の場がトイレであり、そのおもてなしの心を伝えるお手伝いをしたいと思いました。

店主さんたちの共感をいただき飲食店への導入は順調に進みました。利用した飲食店を見て自宅に導入したいという一般のお客様からの相談も受けるようになりました。いまでは若い女性社員のためにパウダールームをつくってほしいという自動車販売店や、社員の8割が女性という事務所からのご依頼、小学校のトイレをかわいくして子どもたちが安心できる環境にしてほしいというPTAからの依頼も受けるようになりました。

そして、もっと広く弊社のトイレを知ってもらおうと発案したのが「ラッピングトイレ広告」でした。街なかを走るラッピングトレーラーやラッピング電車のように、トイレの壁や蓋《ふた》に企業とタイアップして広告を載せる企画です。トイレの個室に商品説明やQRコードを貼れば、広告を出した企業の集客力や認知度のアップにつながる期待が高まります。イベント会場や公共施設のトイレをラッピングすることで、暗くて汚いトイレのイメージを変えられると考えたのです。

2020年2月、幕張メッセで行われた展示会に初出展しました。所沢の小さな水道工事業者の展示ブースに来てくれる人なんているだろうかと心配していましたが、さまざまな企業の人たちがこの「トイレ広告」に興味を示してくれたのです。特にエンターテインメント系企業の担当者とは意気投合して、「ライブ会場にアーティストの写真を貼った広告トイレを設置してはどうか」などと話が盛り上がって名刺交換もしました。

思っていた以上の好感触を得て「これはいけるぞ！」と私は意気込んでいたのですが、その後、企業からの連絡はさっぱりありませんでした。名刺交換した企業の担当者とも話が進まず、最終的に一件の受注にもつながりませんでした。

理由は「トイレのイメージが悪すぎる」の一言に尽きました。アーティストや企業が自分の顔や自社商品がトイレに貼られるとブランド価値が下がる、と懸念したのです。

その事実をはっきり突きつけられた出来事がありました。

ある美少女系アニメのファンが集うイベントの出展者と話していたときのことです。私がなにげなく、「キャラクターをトイレにラッピングしてかわいくしたらどうか」と提案すると、「自分の娘のような存在のキャラクターをトイレに貼るなんてとんでもない」と即座に断られました。

社会でのトイレのマイナスイメージがこれほどボトルネックになっていることに驚くとともに、これはちょっとやそっとのことでは、トイレの広告事業はうまくいかないと実感しました。

トイレのイメージを変えることが次の一歩につながる

ヒト・モノ・カネすべてが足りない私たちの選択は、トイレリフォームを通して目の前にいるお客様のトイレに対するイメージを変えることに専念することでした。一方で、「私たちの掲げる理想のトイレをもっとたくさんの人に知ってほしい」「もっとたくさんの人に利用してもらえる環境をつくりたい」という思いは強くなっていきました。

コロナウイルスの感染拡大でイベントの中止や施設の閉鎖が相次ぐなか、政府が企業に対し、新規事業を始めることを支援する補助金（事業再構築補助金）をつくりました。

この補助金を活用して、会社の敷地内にトイレのイメージを変えるショールームを建設しようと考えました。迷いはありませんでした。早速、現場の仕事量を抑えました。補助金の申請に必要な事業計画書の作成に取りかかるためです。

そこでプロに相談しようと建築家の先生を探していたとき、クラウドファンディングのサイトで目に留まったのが、若手建築家として独立したばかりの高橋真理奈さんでした。高橋さんも所沢市を拠点にしていました。クラウドファンディングの文章を読んで、人と地域をつなげるコミュニケーションの場をつくりたいという熱意と所沢市への地元愛が伝わってきました。ぜひこの人にショールームの設計をお任せしたいと思いました。

高橋さんにすぐに連絡をとり、実際にお会いしました。計画を説明し、高橋さんの反応をうかがいました。トイレのショールームなんて甘い考えだと言われるかもしれないと身構える私に、高橋さんは「東京でトイレツアーしませんか？」と言ったのです。

東京で？　トイレツアー⁇

「東京には最先端のトイレがたくさんあります。まずは新しいトイレを見てみましょう」

この提案は目から鱗でした。私はずっとトイレにかかわってきましたが、渋谷のような街のトイレは別世界の話だと思っていたからです。高橋さんは私と同じ目線に立って考え、さらに新しい風を呼び込む人だと思い、トイレツアーの提案を快諾しました。

２０２１年４月14日朝９時、千駄ケ谷駅からトイレツアーが始まりました。トイレツアーのコースは、高橋さんが私の意見も取り入れつつ考えてくれました。

千駄ケ谷駅前の公衆トイレから出発し、神宮通公園の公衆トイレ「あまやどり」（神宮前６丁目）、渋谷駅と直結する「渋谷ヒカリエ」と「渋谷ストリーム」のトイレ、恵比寿公園の公衆トイレを回り、６カ所目に訪ねたのは恵比寿東公園、通称タコ公園の公衆トイレ「イカトイレ」（恵比寿１丁目）でした。赤いタコの滑り台が印象的な公園に、白いカーブの屋根とすりガラスの長方形の壁がイカを連想させるトイレです。その後も渋谷区の「東3丁目公衆トイレ」や「西原1丁目公園トイレ」まで足を延ばしました。

ツアーを終えた高橋さんと私は「どのトイレが一番良かったか?」という話になりました。二人が声をそろえたのは「イカトイレ」でした。印象的だったのは、トイレの壁がベンチになっていたことです。私たちが恵比寿東公園に行った昼すぎ、そのベンチに「Ｕｂｅｒ Ｅａｔｓ」の配達員が腰かけて休憩していました。一般的に公衆トイレといえば、〝汚くて臭い〟〝早く立ち去りたい場所〟というイメージなのに、食べ物を運ぶ配達員がトイレの横でゆったりと休憩していた。しかも、その様子がとても自然な光景に見えたのです。

「開放的で風が吹き抜ける、みんなの憩いの場になるような公衆トイレをつくりたい」

私と高橋さんの意見が一致しました。「トイレの役割を超えたトイレ」をつくる計画が動き出した瞬間でした。

地域の人々の憩いの場「インフラスタンド」をつくる

トイレを整えて集客が成功した渋谷ヒカリエ、話題を集める「ＴＨＥ ＴＯＫＹＯ ＴＯＩＬＥＴ」プロジェクトなど多くの最先端のトイレ事例を見てまわり、トイレがトイレ以外の機能や役割をもち、その先にある経済効果を生み出す可能性を感じました。

私たちが掲げる理想のトイレも実用性があって、人に寄り添ったものでなくてはいけません。「街の人がベンチやカウンターでおしゃべりしたり、休憩できたりするスペースをつくる」とか、「シェアサイクルのステーションを設置して、公衆トイレを発着地点にするのはどうか」など、二人でさまざまな案を出し合いました。

こうして高橋さんが設計したトイレは、乳白色の採光板でできたトイレ塔の上に直径6・4メートルの円盤形の屋根がのっているデザインでした。屋根の高さが5・6メートルあるので、遠目からでも見えるランドマークのような印象です。屋根の下は、手洗い場、ベンチ、ハイカウンターを設けた広場になっています。シェアサイクルも3台置きました。夜間も安心して利用してもらえるように、トイレ内部に巨大なペンダントライトを設置し、光が灯るとトイレ塔自体が行灯照明のように街を照らすデザインでした。

私はこの設計図を一目で気に入りました。

この公衆トイレに「インフラスタンド」という名前をつけたのも高橋さんです。高橋さんはネーミングの由来について、こう説明してくれました。

――インフラとは生活を支える基盤のことを意味し、通常はガスや電気や水道、道路など

のことを指します。そうしたインフラがないと私たちの生活は成り立ちませんが、インフラが整っていることが当たり前になっていて、普段私たちはインフラに対して意識を向けることはまれだと思います。

災害が発生した時にも最初に問題になるのは、トイレの問題です。トイレは私たちの生活になくてはならないものという点では、まさにインフラともいえます。普段あまり意識しない、表に見えづらいインフラであるトイレやそれを支える水道工事業者に対してもっと目を向けてほしいという意味を込めて、「インフラスタンド」という名前はどうでしょうか？

ここまで寄り添ってプロジェクトにかかわってくれる建築家の仕事に感銘を受けました。そして高橋さんとの出会いは水道工事会社の枠を超えた私のトイレ観を新しいものに変える出来事になりました。

2022年8月、ついに「インフラスタンド」が完成しました。インフラスタンドが目印となって、「ここに面白いトイレをつくっている水道工事会社がある」とメディアに取り上げていただく機会も増え、地域の人たちに知ってもらう効果は絶大でした。

清潔な公衆トイレだからできるマルシェの開催

トイレのショールーム事業計画段階から、私はインフラスタンドでマルシェを開きたいと考えていました。世界で唯一、トイレを中心に開催するマルシェ。屋外に気軽に行ける清潔なトイレがあることで安心して長くイベントを楽しめる。そんな場を提供しようと考えました。その名も「ＫＡＷＡＹＡ市」です。

過去には所沢市主催の「ＴＯＫＯＲＯＺＡＷＡ ＳＴＲＥＥＴ ＰＬＡＣＥ」や江戸時代から始まった三八の市を現代の解釈でキュレーションした「暮らすトコロマーケット」と連携しました。最近では２０２３年11月に所沢市主催でところざわサクラタウンとも連携した「ＴＯＫＯＲＯＺＡＷＡ ＤＥＳＩＧＮ ＷＡＬＫ」の一部としても開催し、初となる夜のイベント「ＫＡＷＡＹＡ夜」も開催しました。インフラスタンドにリキッドライトを投影するライブパフォーマンスを行い、昼の「ＫＡＷＡＹＡ市」とはまた違った雰囲気のイベントとなりました。スティールパンの演奏に合わせて子どもたちが楽しそうに踊る光景は何とも形容しがたいもので、想像を超えた世界が目の前に広がっていました。

初めてマルシェを開催するときは、地域の人から嫌がられるのではないかと心配で、トイレの横にベンチを一つ置くことすらためらっていました。恐る恐るベンチを置いたことを覚えています。

マルシェが始まると、その心配は杞憂でした。若い女性が楽しそうにトイレ横のベンチで食事をしていました。その光景を見た私は、高橋さんとのトイレッツアーのイカトイレで「Ｕｂｅｒ Ｅａｔｓ」配達員の様子を見たとき以上の衝撃を受けました。インフラスタンドはトイレの概念を覆す施設になったのだと思いました。

行政や大企業、地元の大きなマーケットと連携できたことでインフラスタンド、ＫＡＷＡＹＡ市のコンセプトが世間に認められた気持ちになりました。

来場者さんの笑顔、出店者さんからの「あたたかい時間が流れる独特の雰囲気はＫＡＷＡＹＡ市ならでは」というありがたい言葉……。これは、水道工事会社の私たちでも街に直接的に寄与できた経験として今後の活動の幅を広げるきっかけになると思います。清潔なトイレがあれば人は安心してその場に滞在できるのです。

インフラスタンドを通じて見えた変化

いまでは「インフラスタンド」が石和設備工業の名刺代わりになっているといっても過

言ではありません。所沢市外の建築を学ぶ学生が「インフラスタンド」を見学しにくるなど、自分たちの知らないところまで評判が広がっています。

インフラスタンドやKAWAYA市を実際に見てもらうことで、多くの人に私たちのめざすトイレのカタチを知っていただくきっかけになったと思います。実際、KAWAYA市の開催後に地元市議会議員さんから自治会の要望で公園のトイレを改修したいと相談を受けています。巨大資本や行政に与えられるのではなく、地域住民や市役所、民間企業である私たちが力を合わせてパブリックトイレをつくる動きです。地域の人たちが自分たちの意思で理想のトイレをつくり、生活を豊かにしようとする取り組みは新しいパブリックの形といっても過言ではありません。実現に向けて精いっぱいの協力をしていきたいと思います。

またKAWAYA市のSNSを見た2人の方が採用に応募してくれました。いままでの採用活動との違いは「どこでもいいから働く」ではなく、私たちの会社の仕事に興味を持ってくれたうえでのエントリーだったということです。この成功体験は貴重です。

こうした新しい動きがある一方で、水道工事業界は依然として「3Kの仕事」と呼ばれ、「きつい、汚い、危険」と敬遠されています。毎日、泥にまみれながら地中に配管を通す仕事は確かにきつい。まだまだ水道工事業者は「ほかに選択肢がなかったからしかたなく入る」という業界で、若者たちが「ぜひ働きたい」と思う仕事にはなっていないのが現状です。しかし私は、あこがれの職業として人気のデザイナーや建築家と同じように、夢を抱く若者が水道工事業界に集まるようになってほしい。水道工事業界の可能性を切り開いていくことが私の使命だと思っています。

私はインフラスタンドをつくったりマルシェを開催したりするなど水道工事会社らしくない仕事もしていますが、認知が上がることによるブランディングで、誰でもよかった水回りの工事を「あなたに頼みたい」といわれる状況にもっていきたい。選ばれるということは私たちに価値があるわけですから単価が上がります。その利益で社員の待遇改善を図り、採用につなげていきたいと考えています。

新入社員にやりがいを持ってもらうために、修理1件をやり遂げるごとに3000円のインセンティブを支払うようにしました。無遅刻無欠勤の社員に毎月2万円の手当を出すなどモチベーションを上げていく地道な努力もしています。

生活に欠かせない水道インフラを支える職人が減っていくのは社会問題です。私たちのような「まちの水道屋さん」が元気にあいさつしたりトイレ掃除をしたりして、地域と積極的にコミュニケーションをとることで業界のネガティブなイメージを払拭していきたいと思っています。

小さな開発でつながる所沢

実はいま、高橋さんと新しいまちづくりの会社を設立する準備をしています。ありがたいことに、「第二のインフラスタンドのようにトイレ以外の役割を持ったトイレをつくってほしい」という依頼を受けるようになりました。新会社設立を考えたのは、水道工事業者がもっと能動的にビジネスを展開できるのではないかと思うからです。

私と高橋さんに共通しているのは「所沢市の魅力を発信したい」という思いです。所沢は池袋駅まで電車で30分と便利なのに、「なんとなくあか抜けなくて残念な街」というイメージがありました。

所沢には少し手を加えれば再利用できるのに老朽化で取り壊し寸前の建物や空いた土地がゴロゴロ残っていてもったいない。そうした場所を魅力ある場所に生まれ変わらせたい。お手本は東京・谷中のＨＡＧＩＳＯです。東京藝術大学生が住んでいた古い木造アパートを、住人だった彼らがのちに改修し、カフェやギャラリー、ホテルなどの複合施設によみがえらせた成功例です。新会社の役割は、建築家・高橋さんの設計・発想力とKAWAYA-DESIGNのリノベーション技術で建物を有機的につなぎ合わせて所沢を活性化していくことです。

所沢市内のあちこちで、「インフラスタンド」のような公衆トイレを含め、私たちが手掛けた小さな建物が並んだ通りでイベントを企画する。小さな動きだからこそ利用者や住民同士のコミュニケーションが生まれ魅力的な場所ができます。所沢が持つポテンシャルを生かして所沢に人を招く。これが私の次の夢です。

収益構造を逆転させ、チャレンジを続ける

最終学歴中卒。特に秀でた才能もなく落ちこぼれだった私は、成功なんて想像できませんでした。

夢も目標もなく無気力だった私が水道工事の仕事を始め、いろいろな人に支えられて人生が変わりました。経営を教えてくれた税理士の関根先生、新しいトイレ観を与えてくれた建築家の高橋さん、水道工事の仕事を専務として常に支えてくれる弟、そしてKAWAYA市を運営しバックオフィスを担ってくれる妻。本当にすばらしい人たちに出会って助

けられて、いまの石和設備工業があります。

そんな大切な人たちと、これからも挑戦を続けていきたい。

私は利益を生み出さない会社がかかわる人をどれだけ不幸にするかを知っています。だから、会社は確実に利益を出さなければいけません。

いま石和設備工業の収益の大半を支えているのは既存の水道工事で、ＫＡＷＡＹＡ－ＤＥＳＩＧＮで進めている新事業は、水道工事業の可能性を広げるための投資的な役割にとどまっています。しかし、この収益構造を逆転させたい。ＫＡＷＡＹＡ－ＤＥＳＩＧＮを通して「かっこいい水道屋」と「利益」の両方を追求していかなくては、水道工事業界は衰退していくと思っています。

良いトイレの周りには人が集まり、地域がつながり、社会が幸せになる。私は私たちの仕事でトイレを使った人たちの笑顔が見たい。「トイレ愛で業界を変えていけるはず」。その一歩として、所沢からトイレを面白くするチャレンジを続けていきます。

会社《かいしゃ》を老化《ろうか》させない
経営者《けいえいしゃ》の極意《ごくい》

百折《ひゃくせつ》不撓《ふとう》 編集《へんしゅう》委員会《いいんかい》

2024年7月26日　第1刷発行

発行者　寺田俊治
発行所　株式会社　日刊現代
〒104-8007 東京都中央区新川1-3-17 新川三幸ビル
電話03-5244-9620
発売所　株式会社　講談社
〒112-8001 東京都文京区音羽2-12-21
電話03-5395-3606
企 画　株式会社 22世紀アート
表紙／本文デザイン　フロッグキングスタジオ
編 集　株式会社 テックベンチャー総研
編集協力　夏野久万、コクブサトシ、筒井永英、
稲田和瑛、土橋水菜子、北島あや／
梶原麻衣子、小川純、小泉耕平
校 正　朝日新聞総合サービス株式会社 出版校閲部
DTP　ヴァーミリオン
印刷所／製本所　株式会社 KPS プロダクツ

定価はカバーに表示してあります。

落丁本・乱丁本は、購入書店名を明記のうえ、日刊現代宛にお送りください。送料小社負担にてお取り替えいたします。

なお、この本についてのお問い合わせは日刊現代宛にお願いいたします。

本書のコピー、スキャン、デジタル化等の無断複製は著作権法上での除外を除き禁じられています。

本書を代行業者の第三者に依頼してスキャンやデジタル化をすることは、たとえ個人や家庭内の利用でも著作権法違反です。

© 百折不撓 編集委員会
2024 Printed in Japan
ISBN978-4-06-537069-8

百折不撓

百折不撓とは、何度失敗しても
志を曲げないという意味です。
企業の経営者が遭遇した困難、
そこでの苦悩を、どう克服し、
どう自身と会社を再生していったかの
ストーリーを紹介するシリーズです。

シリーズ第1巻

＼好評発売中／